U0069568

神國日本

小泉八雲眼中の日本

復刻典藏本

小泉八雲——原著
曹曄——譯
蔡登山——主編

編輯說明：

本書原由上海雜誌社於一九四四年出版，原書名為《神國日本》，又名《日本——一個解釋的嘗試》。今復刻出版後，新增一副書名，作《神國日本：小泉八雲眼中的日本（復刻典藏本）》。特此說明。

【導讀】小泉八雲和《神國日本》的中譯

蔡登山

有人會直覺得小泉八雲（一八五〇～一九〇四）是日本人，因為名字太日本了。但他其實是英國人，他原名派屈克．拉夫卡迪奧．赫恩（Patrick Lafcadio Hearn），是愛爾蘭裔希臘人，父親是愛爾蘭人派遣至希臘的英軍軍醫，母親則是希臘人。他在希臘出生，不久，他們一家人搬回父親的故鄉愛爾蘭的都柏林。一八五六年父母離婚，母親獨自回希臘，他遂被父親的一位富裕的姑母收養。一八六三年他進入聖卡斯帕特神學院就讀，在學校被同學意外弄傷眼睛，以致左眼失明。後來又在法國學習過一段時間，沒多久，照顧他的親戚破產，他只好輟學，開始在人生的風浪中顛簸，謀求生存。一八六九年他十九歲時，就隻身遠赴美國辛辛那提，在那裡做了八年的新聞記者。之後到了新奧爾良繼續擔任報紙編輯又達十年。這期間他的作品已為他贏得一定的聲譽了。一八八七年他作為紐約哈帕出版公司的特約撰稿人被派往法屬西印度群島。一八九〇年他又由該公司派到日本，四月四日抵達橫濱，開始他一生重要的一段歲月。

經好友張伯倫（Basil Hall Chamberlain, 1850-1935）推薦，他在島根縣松江市普通中學及師範學校教英語，並繼續寫作。一八九一年他與舊松江藩士的女兒小泉節子（一八六八～一九三二）結婚，年底到熊本第五高等中學教英語至一八九四年十月。一八九五年加入日本籍，從妻姓小泉，改名八雲。一八九六年經好友張伯倫推薦，赴東京帝國大學任文學部講師，教授西洋文學，為時六年。一九〇三年他被東大解雇後，曾準備赴美講學，因故未成行。一九〇四年九月他到早稻田大學講授英國文學，不幸於九月二十六日因心臟病逝世，他在日本生活了十四年。

小泉八雲在日本享有大名，但他畢生的二十九部書全是英文著作。一九二六年東京的第一書房出版了日文版《小泉八雲全集》，凡十八卷，遂奠定了他在日本的特殊地位。他的短篇小說集《怪談》（*Kwaidan*, 1904），於一九六五年為日本導演小林正樹改編成同名電影，成為家喻戶曉的現代怪談文學的鼻祖。

但其實小泉八雲是著名的作家兼學者，寫過不少向西方介紹日本和日本文化的書，被認為是第一個向全世界介紹日本的作家，他的著作在三〇年代在中國引起熱烈的迴響，許多重要的著作都有中文譯本。據學者劉岸偉在〈小泉八雲與近代中國〉文中指出，一九二九年小泉八雲的《西洋文藝論集》由韓侍桁翻譯，上海北新書局出版。一九三〇年《文藝譚》由石民翻譯，上海北新書局出版。一九三〇年《日本與日本人》由胡山源翻譯，上海商務印書館出版。一九三一年《文藝十講》由楊開渠翻譯，上海現代書局出版。一九三一年《文學講義》由惟夫翻譯，北平聯華書局出版。一九三二年《英國文學研究》由孫席珍翻譯，上海現代書局出版。一九三四年《文學的畸人》由韓侍桁翻譯，上海商務印書館出版。一九三五年《心》由楊維詮翻譯，上海中華書局出版。

《神國日本》（*Japan: An Attempt at Interpretation*，又名：《日本——一個解釋的嘗試》）被譽為二十世紀初資料最豐富和見解最發人深省的日本評論，是小泉八雲晚年日本研究的集大成之作。《神國日本》的中譯是在上海淪陷後的《雜誌》上連載，由記者曹曄翻譯，前後共連載十五期，至第十三卷第一期（一九四四年四月十日）才全文連載完畢，同年出版中譯單行本。對此學者劉岸偉說：「《神國日本》展示了日本文化的整體風貌，是一部很傑出、現實的作品。在日本佔領下的上海，它能夠在《雜誌》這一刊物上被翻譯發表出來的確是一件很有意思的事情。在譯者和編者的意圖中到底隱藏著什麼樣的故事呢？很遺憾，現在已經沒有辦法弄清楚了。」

當時的上海屬於淪陷區，因此研究日本文化的作品相當多——抗日戰爭時期，也可算是日本文學作品大規模在中國被翻譯傳播的時期，伴隨戰爭產生的文化交流，確是一件耐人尋味的事情。但同時也容易被貼上「媚日」的標籤。對此學者李相銀則認為：「《神國日本》乃日籍英人小泉八雲所著，是《雜誌》最重要的譯作之一。《神國日本》出版於一九〇四年，是戰前的『日本論』最有影響的一部著作。在日偽當局強調『中日友善』，提倡『中日文化交流』的語境中，《雜誌》連載該文，可以視為對汪偽文化政策的『積極』回應，但也不妨將之理解為其生存的一種策略。《神國日本》其實並非日本戰時文化宣傳之作，文章對日本國民性的研究深入透闢，視角獨到，對中國讀者瞭解日本不無裨益。刊載此文，既可以表明對汪偽文化政策的『合作』態度，又可以避免讀者為自己貼上『媚日』標籤，可謂用心良苦。」

序

小泉八雲，原名 Lafcadio Hearn，父爲愛爾蘭人，母希臘人，一八五〇年六月二十七日生於希臘，蓋係純粹之西洋人也。後父母離婚，父再婚，乃養於其父之叔母家。學於英國及法國。在校時，遊戲不愼，致左目失明。二十歲時，其祖叔母破產，乃渡美爲新聞記者，以求獨立生活。其間刻苦精勵，從事寫作，文名漸著。明治二十三年，以哈瓦斯社通訊員名義來日本。初執敎於出雲松江中學，旋與當地人小泉節子結婚，獲一子，乃歸化爲日本人，易姓小泉。不久，由東京帝國大學文學部聘爲講師。卒年五十五歲。著書十數種，其著名者爲「心」，「自東方」，「神國日本」，「談鬼」，「日本雜錄」，「骨董」，「日本瞥見錄」，「佛陀園拾遺」，「影」等。文筆婉美，爲散文之巨擘，在近代英文學史上，堪與斯提芬孫，吉卜林等比肩。

廚川白村說：「先生乃以其稀世之名文，將我日本之美介紹與西人之第一人，同時是以其饒有興趣之講義，將西歐的思想與文學正當傳與日本學生而最獲成功之外國敎師。立於東西兩洋之間，使先生完成其介紹者之天職者，非僅賴其流麗明快之筆舌以及賅博之學殖，而實由於先生作爲眞正世界人之特殊性格。小泉先生非英國人，亦非美國人，當然亦非純粹之日本人。先生無執迷於國土或國民之任何偏見，而足跡遍世界，到處能發現其美，同情它，而又能充分享受它。他比西洋人更理解西洋，比日本人更理解日本。」

「神國日本」是小泉八雲關於日本的最後一部著作。原名「日本，解釋的一個嘗試」。但書中空白處，有「神國」二字，而武內桂舟所畫的封面圖，也是巫女之舞，故通常稱是書爲「神國日本」。這書可以說是他研究日本的畢業論文。凡關於日本的一切研究，網羅無遺。著者所見的日本是約四十年前的日本。他憂慮歐美的經濟侵略，足見其愛日本之深。

此書中最精彩的部分，要算是關於神道的研究罷。神道是日本民族的固有宗教，是愛國的宗教。日本人想像着在眼睛可見的一切森羅萬象的背後，有超自然的神靈，山川湖海風雷以至於井，莫不有神專司其事。日本人是造了日本國土的神們的子孫。這些神是日本人的先祖。日本人認爲爲這些祖先服務，而崇拜祖先，就是他們爲子孫者的最高任務。他們認爲他們所有的一切，都是祖先之所賜。祖先爲他們驅除了毒蛇猛獸，修治了河川沼澤，發明了耕作之道。神道不像其他宗教一樣，它不講地獄極樂。一個人，其肉體一死，就獲得超自然之力，超越了時間與空間，而成爲看不見的存在。

這些神們隨時保護子孫，爲子孫謀福，但要他們供給食物，歲時祭祀，禮拜祖先。祭祀一旦疏忽，便會招神之怒，而受其罰。日本古代，祭祀如國家大事，祭祀也可以說就是政治。

除了這固有的神道以外，還有兩個外來的思想，大大的影響了日本人的心。即儒教與佛教。儒教是東方的道德思想，而不是宗教。儒教將人倫的根本置於親與子的關係，以孝爲德行之本。人與人的關係必須公正。日本人將這儒教精神採入崇拜祖先的精神裏面。

但佛教就不這樣簡單。西曆六世紀中葉渡到日本的佛教，以其彫刻、建築、繪畫、音樂等藝術爲背景，打動了日本人的心。其宗派之中，有所謂大乘佛教，可以說是一種哲學的體系，又有所謂小乘佛教，講來世的賞罰，地獄極樂之說，這是神道所完全沒有的，因此特別吸引了人心。我們現在的幸與不幸，是我們自己在前世行爲的結果。我們的生命並不限於現世，而是和永遠的過去，永久的未來相連着的。如果想在來世得到幸福，必須在現世積善根。日本人從佛教學會忍受任何災厄與不幸，因爲災厄不幸都是前世的報應。

但佛教爲了把握日本人的心，也不得不與日本祖先的神們的信仰妥協。空海等僧，提倡所謂「本地垂迹」之說，謂印度的諸佛與日本諸神雖有本地與垂迹之差，但究其源則是一個。因此明治初年，未實行分離神佛以前，神社裏神官和僧侶同時在一起服務。至今一般家庭都安着神壇和佛壇。

此外基督教在日本所引起的暴動，以及日本的所謂君臣父子之道，本書都有詳細的解釋。

總之，由「死者的靈支配着活者的行爲」的思想發生的日本宗教，以及生活樣式，其特異的性格，此書已闡述無遺了。

譯者

本書原著者小泉八雲氏

小泉八雲二十歲以前在學校時因運動傷左目遂失明故其照相皆爲右半面平時與人談話亦常以手掩其左目云

published in 1842. After this his life and his productions take another colour. *Lavengro*, a partly autobiographical work, in which the wild people with whom he had identified himself play the chief part, it being the story of a gentleman who joins these wandering tribes—*Romany Rye*, a gipsy story, *Romano Lavo-Lil*, a dictionary of the gipsy language, show by their names alone the character of the works. The *Gipsies in Spain* preceded his account of his adventures in the work of Bible distribution. The adventurous nature of the man found an outlet in this curious adoption of the interests and companionship of so peculiar a people. But his works upon this subject, though novel and strange, and retaining much charm of style and personality, do not come up to the charm of his great work as a Bible agent. He died in 1881,—little known, or rather dropped altogether out of the knowledge of the world.

此爲小泉八雲批注書上的筆跡，原書係阿利方夫人所著「英文學之維多利亞時代」論巴羅的一章。

目次

【導讀】小泉八雲和《神國日本》的中譯／蔡登山…… v
序…… ix
難解…… 一
珍奇與魔力…… 三
古代的祭祀…… 一一
家庭的宗教…… 一七
日本的家族…… 二八
團體的祭祀…… 四〇
神道的發達…… 五四

禮拜與祓禊……六六
死者的支配……七七
佛教的渡來……八九
社會組織……一〇一
忠義的宗教……一一〇
耶穌教徒之禍……一一九
神道的復活……一四〇
近代的壓迫……一四六
官憲教育……一六〇
回想……一七三
追錄……一八六

神國日本

小泉八雲著
曹曄譯

難解

關於日本的書實在很多，不過其中眞有價值的恐怕不出二十本，關於藝術的出版物及性質完全特殊者，固當別論。這個事實，是因爲認識以及理解構成日本人表面生活的基礎事物，是十分困難的。十分理解其生活的著作——在歷史上，社會上，心理上，以至於倫理上，將日本從內部及外部描寫的著作——至少今後五十年當中是不會產生的。這個問題既很廣泛，而又錯綜複雜，因此集合許多學者一代的勞力，也不能完全達到這個目的。這問題又是十分困難的問題，因此終身研究這個問題的學者，一定很少。甚至於日本人自己，關於本國歷史，即使材料堆積如山，還是沒有獲得科學的知識，因爲獲得這種知識的方法，現在還沒有。沒有樹立在近代式的方法上的良好的歷史，這件事情確是許多不利的缺陷之一。其社會學上的研究，可供研究的基礎的東西，尚未入西洋研究家的手中。家族及氏族的舊狀態，諸階級分派發達的歷史，政治上的法則和宗教上的法則分離的歷史，各種禁制與拘束，及其影響於習俗的歷史，關於產業發達過程上的統制與合作的歷史，倫理及審美的歷史——這一切，以及其他事情均不明瞭。

我這篇論文，若有所貢獻於西洋對於日本的知識，只會在一方面是有用的。但這一方面不能說一定不重要。在過去，關於日本的宗教的問題，多半出自宗教的仇敵之手。其中幾完全蔑視宗教者也有。宗教既被蔑視，既被誤傳，則關於日本的眞知識是得不到的。關於社會的狀態，只要稍微想得到眞實的理解，必須十分明瞭其宗教，皮毛的知識是不够的。甚至於民族的產業上的歷史，假使沒有一點在其發達的初期支配產業生活的宗教上的傳統與習慣的知識，　則亦不能理解……。再來看藝術的問題。日本的藝術和宗教有密切的關係。因此要研究日本的藝術，必須對於這藝術所反映的信仰有廣博的知識。不然，徒浪費時間而已。我這裏所謂藝術，並非單指繪圖彫刻而言。我所指的是一切種類的裝飾與繪圖——男孩子的風箏和女孩子的羽子板（按係女孩子拍羽毽子用的板，長約一尺。譯者註）上所繪的畫，塗漆的匣子，琺瑯質的花瓶——貴族女子衣帶上的花樣，以至於工人用手巾上的畫——佛教的守護山門的金剛神的姿態，以及買給嬰兒玩的紙狗或花棒兒等等。再來說日本的文學。要研究日本的文學，非但要理解日本的信仰，從事研究的學者還要對日本的宗教有所同情，至少要像我們的大古典者們同情於幼里庇底斯，賓達，及塞俄克利塔斯的宗教一樣。沒有這樣的學者來研究，日本文學是得不到正當的估價的。沒有一點關於西洋古代及近代宗教的知識，則英、法、德、意的文學，你能彀澈底了解到甚麼程度呢？我們可以先這樣向自己問一問。我並不一定指純粹的宗教作家，如彌爾頓、但丁等詩人而言。假使一個人對於基督教的信仰或基督教以前的信仰一點知識也沒有的話，則莎士比亞的一部戲劇也一定不能彀完全理解，這是事實。這就是我要說的話。要想眞正精通歐洲某一國的言語，假使沒有關於歐洲宗教的知識，　也是不可能的。無學者的言語裏，也含有許多宗教上的意義。貧民的俚諺，家庭的用語，街頭的歌謠，工廠的用語，這些裏面含有不知道民衆的信仰的人所夢想不到的意義。在日本教了多年英語給那些有着完全不同的信仰，及以完全不同的社會經驗爲基礎之倫理的學生的人，最明白這點。

珍奇與魔力

旅客筆下的日本的第一印象，多半是愉快的。假使有人以爲日本不會使他的情緒發生感動，那末這個人一定有什麼缺陷的，或者有什麼刻薄的地方。這個使人的心感動的東西，就是解決問題的線索。這個問題，乃指日本人種及其文化的特質而言。

日本——在晴天無雲的春日，在白色日光之下浮現了姿態的日本——我對於這個日本的第一個印象，不用說和普通的人所經驗到的具有許多共同點。我特別記憶着那個光景的驚異與喜悅。這個驚異與喜悅是決不會消滅的。留日十四五年前的今日，偶然有機會的時候，這個感情還是時常會流露出來。不過，這種感情發生的理由，是難以知道的，至少不容易想，因爲我對日本還是不能說知道得許多……好久以前，我的一個最好最親密的日本友人，臨死前這樣對我說：「再過四五年，你如果覺得日本人實在不能理解，那末那個時候你方纔會開始對日本人多少有點理解了。」我確實知道這位友人的預告眞實之後，即發見完全不能理解日本人之後，反而覺得我有嘗試這篇論文的資格了。

如最初感覺到的那樣，日本的事物，其外觀上的珍奇，會使人（至少對於某一種人）發生一種特殊的感情。這種不可思議的情緒，只會在我們看見完全陌生的東西時發生的。我們在異樣的小路上走着。這路上有許多奇怪的矮人，穿着怪樣的衣服和草鞋。乍看是，我們甚至於區別不出他們是男是女。房子的構造和裝飾又很特別，和我們過去所經驗到的完全兩樣。店鋪裏陳列着無數貨品，其用途與意義，我們完全不懂，我們只覺得呆然。那些食品，想像不到是從什麼地方來的。那些器具，形狀奇怪得像謎一樣。那些符牒，不知道是甚麼神祕的信仰，我們理解不到。那些假面和玩具，令人想起神們和魔鬼的傳說。那些神們自身奇怪的姿態，怪樣的耳朵，那幅笑臉。我們在路上走着，一定能看見這些東西。另一方面，我們當然也會看到電柱，打字機，電燈，縫衣機等。我們又會到處在招牌上，簾子上，以及行人的背上看見奇妙的漢字，這些東西的不可思議，纔是那光景的基礎。

和這奇異的世界再親近一點，那最初的光景引起的奇異感覺，也是決不會減少的。這個民族的身體上的行動，你不久也會覺得奇怪的。你將發覺他們的做活方法和西洋的方法正相反對。各種工具的樣子既很古怪，用法也十分奇特。鐵匠是蹲在鐵砧前面舉鎚敲打的，但是西洋的鐵匠要想使用這鎚，非經長久練習不可。木匠的鉋和鋸，樣子很特別，用時不向前推，而向後拉。左首總是對的，右首總是不對的。開鎖的鑰匙，總是要向我們認爲錯的方向轉。巴西法爾•羅威爾說過，日本是倒過來說話倒過來讀，倒過來寫的。這話是對的。但這不過是「他們日本人倒行的容易懂的例而已」。倒寫的習慣，顯然有進化論上的理由。日本的書法，當然爲了這個理由，正和西洋的書法相反。這種倒行的例子，不勝枚舉，其中最顯著的是日本的劍術。劍術家是兩手執劍擊人的，但擊時刃並不向自己的方向拉，而從自己這邊向前面刺。即不像其他亞洲人那樣用楔的道理，而用鋸的道理。總之，打擊時當我們期待着向自己身邊拉的運動時，却有刺的運動……此外還有種種我們所不知道的方法，其不可思議，就日本人的身體講，我們也覺得日本人像另一個世界的人一樣，跟我們沒有甚麼緣份。我們甚至於覺得日本人和我們在解剖學上有差異的。其實是不會有甚麼差異的。這一切相反的地方，恐非由於他們的經驗和阿利安人種的經驗完全不同，而是因爲在進化論上他們的經驗比我們的經驗年青的緣故。

不過日本人的經驗決不是劣等的。其表現不僅使人驚異，且又使人喜悅。纖細的細工的完璧，事物的輕妙的力量與品格，欲以最小的材料收獲最大效果的力量，儘量以簡單的方法達到機械力的目的的事情，在不規則的東西裏面發見美的價值，一切東西的形狀的富於趣味，着色或色彩所表現的調和感——這一切事情，不僅有關藝術及趣味，即關於經濟及利用厚生，我們不假思索也即刻可以知道西洋有不少從這遠方的文化學習的地方，那些可驚的磁器，精緻的刺繡，漆器，象牙，青銅的細工等，會將我們的想像力引到完全珍奇的方向。但其所以能感動觀者的心，並非由於野蠻蒙昧的空想，不，這些東西在其範圍之內，是達到了除藝術家以外誰也不能批評的微妙的文化——只有指三千年前的希臘文化爲不完全的人認爲不完全的文化的產物。

然而在這世界的根底下的奇異，即心理上的奇異，又遠較兩目可視的外觀的奇異來得可驚。在西洋長大的人無論如何不能完全使用日本言語。人家知道了這一點，方才會了解這個奇異是怎樣的大。東洋和西洋，講到人情的根本，即情緒的基礎，倒多是相同的。日本兒童和歐洲兒童，其精神上的差異，多半是潛伏的。但是這個差異，隨兒童的發育，迅速發展擴大，一俟成人，已非言語所能表現，其精神上的構造，完全顯露出來，構成與西洋的心理的發達沒有任何共通點的諸相。即思想的表現受到限制，感受的表現亦受抑勸，使人感到困惑。日本人的思想和我們的思想不同，其情操也和我們的情操兩樣。日本人的倫理生活，是我們未嘗探究過的，或爲我們一向遺忘的思想及感情的世界。試取一句日本人的普通的辭句，譯成西語，就會變成毫無意義的東西。最簡單的英文，若逐字譯成日文，那末沒有學過歐洲語言的日本人就不能理解這句話的意義。你即使完全學習了日本字典裏所有的辭句，假使不去學日本人那樣思想，即上下內外倒過來想，向着和阿利安人，完全沒有緣分的方向想，則文學的學習，絲毫也不能助諸君了解日本人的對話。學習歐洲語的經驗，無助於日語的學習，恰如無助於學習火星居民的言語一樣。要想日本人語用得跟日本一樣好，非投胎一次，而將頭腦根本加以改還不可。如果雙親是生在日本，自幼用日本語的歐洲人，那末這個人或能將這本能的知識維持到後半生，而將其精神上的關係適應於日本的環境裏面。這是可能的。事實上有一個叫普拉克的生長在日本的英國人，精通日語，以說書爲業，收入頗豐，以此可爲證明。但這是特殊的例：。文學上的用語，要想懂得，比認識幾千個漢字還要更多的知識纔行。我們只要這樣說，也可以知道這是怎樣困難的事了。西洋人中，能將拿到自己面前的文學上的文章，一看就懂的人，可以說一個也沒有。實際上，日本的學者，能够這樣的人也極少。有許多歐洲人在這一方面的學識，雖值得驚嘆，但是從來沒有一個人的著作，沒有日本人的幫助，而能在世界上發表的。

日本的外面的奇異，既無往而不表現着美，其內面的奇異，也同樣別有魔力。卽有一種倫理的魔力，反映在人們的日常生活上。這日常生活的有興味的情景，普通的觀察者是不會認爲是表現着積數世紀而得的心理上的特殊發展的。只有羅威爾氏具有科學精神的人，能立刻了解這個問題。沒有這種天才的外國人，卽使他生來就有同情心，也只會把這當做一樁快樂的事情，或者爲這所迷惑，就根據他在世界的另一方（西洋）的快樂的生活經驗，想來說明現在魅惑了他的心的這個社會狀態。現在假定這樣的外國人僥倖有機會在日本內地古老的都市裏住了六個月以至一年的時間。那末他開始就會因自己周圍生活的懇切與愉快而感動的。他會在人與人相互的關係上，以及在人們對他的關係上，他會感到不變的愉快，伶俐圓滑，善良的心思等，這些在別個地方是只會在眞正親密的朋友之間可以得到的。無論甚麼人和別人見面的時候，總以和悅的面容，愉快的言語來行禮寒喧，臉上總是微笑着。日常生活的極普通的事情，也受着禮儀的影響。這禮儀好像是不學而發自眞心，完全沒有技巧，而又完全沒有缺點。周圍無論有怎樣的事情發生，外面總是維持着愉快的態度。無論有怎樣不愉快的事情發生——暴風雨也好，火災也好，洪水也好，地震也好——笑聲的寒暄，明朗的微笑，安詳的行禮，懇切的慰問，想使人快樂的願望等，永久使生活美麗。在這日光之下，宗教也不會投下陰影。在神佛前祈禱時，也是微笑着。寺廟的庭園，是兒童遊戲的地方。大公共神廟的境內——這個地方與其說是莊嚴的地方，不如說是祭禮的場所——築有舞蹈的舞台。家族的生活，似乎到處都有溫和的特徵，沒有觸目的爭執，沒有無情的粗魯的聲音，沒有淚，沒有責罵的聲音。殘酷的事情，似乎對於動物也沒有。到街市裏來的農夫，身旁帶着牛馬，堅忍地走着，一面幫助這無言的夥伴，背了貨物，不用甚麼鞭笞等東西。拉車的人，看見狗或雞在前面攔路，心裏正要發怒的時候，也只是把車子從旁邊拉過去，不將這些動物輾死……一個人在這樣的光景裏渡過了相當長久的時期後，也看不出有甚麼東西，妨礙這生活的快樂。

不用說，上面所說的那種狀態，如今逐漸在消失之中。但在邊鄙的地方，還是存在着的。我住過的地方，數百年間沒有發生過盜案，明治時代新設的監獄，等於無用的勞什子，家家晝夜無須閉戶。這種事實，都是日本人所熟悉的。在這種地方，百姓對外國人表示慇懃的態度，諸君或許以爲是由於官廳的命令，我們就當這是對的，但是人們相互間的懇切的態度，又怎樣解釋呢？沒有甚麼苛刻、粗暴、不誠實、或法律的侵犯，而且這種社會狀態竟能維持了幾個世紀。諸君知道了這個事實，就不能不相信自己已經踏上了道德上眞正優越的人間的領土。像這樣的優雅，無可訾議的誠實，言語動作所表現的親切，恐怕自然可以解釋爲出自完全的善心的行爲。而使諸君喜悅的這個素朴，又決不是來自野蠻的素朴。這個國家的人民，每人都受教育，每人都會講一口漂亮的言語，寫漂亮的文章，吟詩作歌，處己以禮，到處有清潔與良好的趣味，一家之內充滿着光明與純潔，每日沐浴是最普通的事情。

凡事莫不治以博愛的精神，一切行爲莫不律以義務，一切物品莫不以藝術造成其形，像這樣的文化，有誰不爲之魅倒呢？有誰不爲這樣的狀態感覺喜悅呢？有誰聽到他們被罵爲「異教徒」，而不爲之憤慨呢？只要諸君的心並不十分偏狹的話，這善良的民族，外觀上並沒有甚麼理由，自然會使諸君快樂無疑。在這樣的環境裏面，唯一的感覺，是恬靜之樂。那是夢裏的感覺。做夢的時候，希望人家怎樣對你行禮寒暄的時候，人家就會這樣對你行禮寒暄，希望聽甚麼，就可以聽到甚麼，希望人家給你做甚麼事情，人家就會給你做甚麼事情，這個感覺正像這樣——人們都在完全平靜的空間，舉踵而行，了無跫聲，而莫不沉浸在柔和的光輝裏面。是的，這神仙之民會在相當長久的時間內給予柔和的睡眠的幸福。諸君和他們長久住在一起的時候，會知道諸君所滿足的，和做夢的快樂具有許多共通的地方。諸君決不會忘記夢吧——決不會忘記的，但這恰如晴天午前給與日本的風光。以超自然之美的春霞一樣，結果是要消逝的。諸君實在是因爲置身於仙國所以快樂的——因爲踏入了實在並不存在，且又不能據爲己有的世界的緣故。諸君從諸君現在的世紀，倒溯而上，超越了已經消滅了的，叫做時間的廣大空間，移行到被遺忘了的時代，業已消失的時代，埃及或尼涅凡的古代。這就是日本事物的奇異與美的秘密，這些事物給與人的驚異的秘密，民族及其習慣的，像童話一般有魔力的秘密。幸運的人呀，「時間」的潮爲諸君而旋轉了。不過要記住，這裏萬事都是魔法，諸君是着了死人的魔力了。光明，色彩，與聲音，都要消逝，最後還是要回到空虛與沉默。

我們這輩人中至少有人這樣希望過：暫時也好，假使能夠生活在已經消滅了的希臘文化的世界呢。最初知道了希臘藝術及希臘思想的魔力，而爲之感激的結果，未能想像這古代文化的實情以前，早就會發生這種希望的。不過，即使這個希望實現了，我們也立刻會知道自己不能適應於這個實狀裏面。這並不是因為不容易知道那個環境，而是因為現在的人十分不容易像三千年前的人一樣感覺的緣故。文藝復興以來，研究希臘不知用了多少努力，但是要了解古代希臘生活的諸相，我們還是認為困難。例如我們憑藉近代的思想，也不能如實感覺到愛底普斯的大悲劇所表現的民族的情操感情等。然而我們關於希臘文化的知識，是遠較十八世紀的祖先們進步的。法國革命時代，認為將希臘共和政治的實狀再現於法國是可能的，依斯巴達式教育兒童也是可能的。在今日，給近代文化教育的人，要想在羅馬征服前古代世界的都市裏存在的社會主義的專制主義之下得到幸福，誰都知道是不可能的。即使古代希臘的生活為我們而再現了，我們也不能和這生活融和，成為這生活的一部分。這正和我們不能改變自己的個性一樣。但是為了目擊那生活的快樂，將不辭任何勞苦。為了一度參加柯陵斯的祝典的快樂，目睹全海倫的遊戲的快樂……

但是目睹希臘文化的復興，步行於畢塔哥拉斯的學寮的所在地克羅托那的街市，放浪於塞俄克利塔斯曾經住過的西拉奇烏斯，這和我們現在有研究日本人生活的機會這個特權比較起來，並不能說是優越。從進化論的見解來說，前者的特權委實弱於後者，因為日本將遠較我們熟悉其藝術文學的希臘時代更古，心理上又和我們隔得更遠的事情的，活生生的光景，捧獻在我們的眼前。

不能說別人的文化比我們的文化進化之度少，知力上與我們有所懸隔，其文化就在所有點上比我們低劣，這一點無須叫諸君注意也可以知道的。海倫的文化，在其鼎盛時期，代表着從社會學上所看的進化的初期，其所發展的藝術，表示着關於美的最高的，不可接近的理想。和這同樣，這舊日本的更古老的文化，也達到十分值得吾人驚異與稱讚的，審美上及道德上的水準。只有淺薄的人，極淺薄的人，將日本文化之最上者揚言為劣等的。日本的文化，其所以有西洋文化不可比擬的特徵，是因爲許多接踵傳入的外國文化，堆積在單純的原有的基礎上，呈現着複雜紛紜的光景的緣故。這外來的文化，多半是中國的。這中國的文化，對於這篇研究的主要題目，只有間接的關係。奇怪而又可驚的，雖有這許多外來文化的堆積，民族及其原有的特質，依舊歷然殘留着。日本的可驚之點，並不在於身上的無數借來的東西，如古時的皇女穿衣服的時候，將色質不同的十二種禮服，一件一件叠起來，讓備有這許多色樣的領、袖、裙等露在外面一樣。眞正可驚的是穿這衣服的人。因爲衣裳的意義與興趣，不在於其色澤與式樣，而在於製作這衣裳，採用這衣裳的人的思想的表現。因此舊日本文化的最高興味，在於這文化表示着日本人種的特色。這是經過明治的一切變化，仍舊完全沒有變化的特色。

這人種的特色，不是可以認識的，而是可以直感的，因此其用語，用「暗示」比較用「表現」來得適當。這個特色，如果有關於日本人種之起原的正確的知識，亦可爲了解之助，但這樣的知識，我們現在還是沒有。人種學者一致認爲日本人種是集合數種民族而成的，其主要要素爲蒙古人種。但這主要要素，由兩種非常相異的型式代表着：其一爲細瘦像女人一樣的風彩，其二爲矮壯有力的姿態。中國和朝鮮的要素，據說也混合在某些地方的人內，蝦夷人的血，似乎也混入不少。馬來或波利內西亞的要素，有無混入，如今尚未斷定。不過這一點是可以十分肯定的：和所有良好人種一樣，這個人種也是混成的人種，而起初聚在一起形成這個人種的許多人種，互相混合起來，長久在社會的訓練之下，發達了相當統一的性格。這特質在外貌的某一點上，立刻可以認出來，但依舊留着許多不易說明的謎。

進一步了解這個人種，現在已成爲重要的事情了。日本走上了世界的競爭舞台。競爭的時候，一個國民的價值，一方面固在於兵力，一方面則在於其特質。吾人設能闡明造成日本人種的四圍狀態的特質，以及與這人種的道德經驗有關的許多一般的大事實，則其特質亦可理解多少。這樣的事實，其根柢在國民信仰的歷之史中，或在宗教之中，而在由宗教發達而來的社會的各種制度的歷史之中，有的表明着，有的暗示着，這一點，我們是知道的。

古代的祭祀

眞正的日本的宗教，卽今日尚以各種形式行於全國民間的宗教，就是祭祀——祭先祖。這祭祀是一切文明國家的宗教及一切文明社會的基礎。在數千年之間，這最初的祭祀，受了種種變化，採取了種種形式，但是在日本國中無論何處，其根本的特質倒沒有發生過變化。佛教的祭祖，其種種形式，茲當別論，至於純粹日本起源的祭祀，則有三種區別，這是因中國的影響及儀式發生若干變化的。這種日本的祭祀形態，統稱之曰「神道」，其義卽「衆神之道」。這不是甚麼舊名詞。神道這名詞，是用來區別日本固有的宗教卽「道」，和最初從外國渡來的佛教的。神道祭祖的三種形式，卽一家的祭祀，村邑的祭祀，及國家的祭祀。換言之，卽是家族的祭祖，氏族的祭祖，及帝國的祖先祭祀。第一個是家庭的宗教，第二個是一地方之神或守護神的宗教，第三個是國家的宗教。神道的祭祀，尚有種種，但目前似無考慮之必要。

關於上述祭祀的三個形式，家族的祭祀在進化的次序上說，是居於第一位的，其他是後來發達的。不過家族的祭祀雖說是最古的，但這並非指今日的家庭宗教而言。我並非將「家族（family）和「一家」（household）混爲一物。古代日本的家族，還超過「一家」以上，也許包含着一百個或一千個家。那和希臘 γένος 的或羅馬的 gens 相似，是最廣義的族長的家族。在有史以前的日本，並沒有一家的祭祖，同族的祭禮，似乎只在埋葬的地方舉行的。但是後代的家族祭祀，乃由原始的同族祭禮發達而來，間接表示最舊的宗教形式。因此研究日本的社會進化時，這是必須最先考慮的。

祭祖的進化歷史，任何國家都大致相同，日本的祭祖的歷史，也是可以支持斯賓塞的宗教發達法則說的一個顯著的證明。不過要想了解這一般的法則，我們必須回溯到宗教信仰的起原。但是我們必須從社會學的見地記住一點，即日本現在的祭祖，並非是「原始的」，這和我們不能說帕利克利時代的阿生斯人的家族祭祀是「原始的」一樣。祭祖之永存者，都不是原始的。凡是一定的家族祭祀，是從沒有一定的形式，或尚未具備家族之形的同族的祭祀發達而來的。這同族的祭祀，又從更古的埋葬祭禮發達而來，這是無疑的。

從古代的歐洲文化來說，我們對於歐洲的祭祖歷史的知識，尚未達到祭祀的原始形態。我們對於希臘羅馬人的祭祀的知識，是從家族宗教成立後經過長久後的時期開始的，因此關於其宗教的性質，雖有確實的文獻，但是關於一定遠在家庭祭祀以前的古代祭祀，並沒有多少證據留下來。因此我們只好去研究尚未達到文化狀態的民族間的祭祖的自然發達的歷史，而推斷其性質而已。眞正的家族的祭祀，是和一定的文化開始的。當日本民族最初在日本定居的時候，不能相信已經帶來了剛才所說的一定的文化種類，或已經充分發達的祭祖。那時禮拜是一定有的，不過禮拜的儀禮，我想大概是只在墓旁漠然舉行的。眞正的家族的祭禮，在八世紀，即靈牌尚未從中國傳入以前，是沒有成立的。最古的祭祖，是從原始的葬禮及安慰故人之靈的儀式發達的。

因此現有的同族的宗教，是比較在近代發達的，但其歷史之久，至少和該國的眞正文化一致，且保有眞正原始的信仰與思想，以及由這原始的信仰與思想發生出來的思想及信仰。因此未論祭祀之前，有將這古代的信仰略加考慮之必要。

最古的祭祀——斯賓塞之所謂「一切宗教之根底——大概是和對於鬼的最古的明確的信仰，同時存在的。當人想到潛伏在內部的自己，即二重的自己時，安慰靈魂的祭祀，一定會同時開始的。但是這最古的對於鬼的禮拜，一定是遠在人的精神發達到能够抽象地思索事物以前發生的。關於他們的崇拜的最初的形式，由現存的證據看來，鬼與神的概念，最初似無任何差別。因此關於未來的賞罰，並無明白的信仰。換言之，天國與地獄的觀念，當初是沒有的。黑暗的那個世界的觀念，是遠到後代才發達的。最初，人是只想死人是住在給他準備的墳墓裏的。他們以爲死人是會偶而從墳墓裏跑出來，來看自己以前住的地方，而在活人的夢裏出現的。死人的眞正的世界，是他所埋葬的地方，即墳墓或塚穴。後來，那個世界的觀念，以不可思議的方法，和墳墓結連起來，慢慢的發達了。這個模糊地想像的那個世界，擴大起來，分別爲鬼能享福的天地和不幸的天地，這是遠到後來的事情。日本的神話，沒有產生至福的世界與黑暗的世界的觀念，沒有給天國與地獄的觀念發達起來，這是值得注意的事實。甚至於在今日，神道的信仰，關於超自然，還表示着荷馬以前的想像時代。」

在印歐民族之間，最初神鬼之間似無任何區別，諸神的地位，亦無上下之分。這種區別是慢慢發達的。斯賓塞說：「在原始民族之間，死者之靈成爲理想的集團，殆無甲乙之分，後來慢慢發生了差別，隨着社會的進步，以及局部的與一般的傳統集積錯綜的結果，本來是相同的人的靈魂，其性質在人們的思想中發生了差異，以及重要性的程度，於是發生了區別，而本來是同一的本質，終於消滅了。」像這樣，無論在古代歐洲或遠東，國民的更重要的神們，是從祭鬼發生的。然而形成於東西古代社會的祭祖的倫理，是在更重要的諸神未發生以前，卽人們想像死人沒有任何地位的差別都會成爲神的時期發生的。

古代的日本人，和阿利安民族的原始的禮拜祖先者一樣，並不以爲死人是昇上現世以外的光明至福的樂土，或墮入苦悶自責的世界的。他們認爲死人還是住在這個世界，至少是和這個世界時常保持着接觸的。日本人最古的神聖的記錄，是記着那個世界的事情，也有不可思議的雷神和惡魔在醜惡之中產生的事情，但是這漠然的死人的世界，是能彀和活人的世界交通，那個世界的靈魂，卽使肉體已經朽敗了，還是能彀在地上領受人們的伺候和供物的。佛敎未渡來以前，天國與地獄的觀念是沒有的。人們認爲死人的魂靈是需要祭祀，且多少能與活人共苦樂，而永久存在的。他們需要飲食及光明，但又能授人以福利。其身體雖在地中融化，其靈之力則尙存留人間，透入其根底，活動於風水之中。人因死而獲得了神秘的力量——他們變成了高高在上者，卽神。

換句話說，他們變成了最古的希臘及羅馬的所謂神。但是值得注意的，是這神格化，無論東西，都不帶着任何道德上的差別。「凡死者皆爲神」，這是神道的權威平田篤胤的話。和這同樣，古代希臘人的思想裏，甚至於後來的羅馬人的思想裏，凡死者都是成爲神的。克蘭治在其「古代都市」（La Cite Antique）中說：「這種禮拜，不單是大人物的特權。是沒有任何差別的……。甚至於不一定要是有德之人，惡人與善人都一樣成爲神。只有一點，就是惡人死後仍舊保持着前生的惡性而已」。神道的信仰也一樣，善人成爲善行之神，惡人成爲惡神，但都是一樣的成爲神。本居氏也說：「因有善神與惡神，故須供其所好之物，彈琴吹笛，載歌載舞，並以其他適合神意者，慰其靈」。拉丁人稱死人的有惡意的亡靈叫Larvae（惡靈），有善意或無害的亡靈謂之Lares（家之神）。這就是阿庇雷阿斯的所謂 Manes（亡靈死者）與 Denii（守神）。但兩者都一樣是神—— dii-manes（亡靈之神）。西賽洛會經警告人要規規矩矩禮拜一切 dii-manes 。他說：「他們都是由此世而去的人。應該將他們認爲是神聖的」。

在神道裏，和古代希臘的信仰一樣，死這回事情，就是獲得超人之力，以超自然的方法，予人以福利或不幸的事情……。昨天，某某人還不過是普通的工人，一點也沒有甚麼了不起，可是，今天因死而變成一個有可貴的力量的人，其子女們爲了自已的事業繁榮，祈求這個人了。這正像希臘悲劇中的人物，例如阿爾賽提斯一樣，突然因死而變了一個形狀，成爲一個神聖的東西，受人禮拜或祈禱。不過死人雖有超自然之力，至於自己的幸福，則是倚靠活人的。死人雖只可以在夢寐看見，但他們是需要地上的供物與服事，飲食及子孫的尊敬的。鬼都爲了得到安慰，要投靠活着的近親的。他只能靠這近親的信心，而得到其安息。即鬼是要休息所——適當的墳墓——和供物的。有了很好的休息所和適當的供物，鬼就覺得歡喜，而幫助保佑服事他的人的幸運的。假使得不到墳墓、葬禮、飲食、與火，鬼就因飢寒而受痛苦，怒而爲惡，而陷怠慢他的人於不幸。這是古代希臘人對於死者的思想，也是古昔日本人的思想。

關於亡靈的宗教，背爲西洋的祖先的宗教，北歐南歐都是一樣的，而由此發生的風俗，例如以花飾墓的風俗，今日倘行於我們的最進步的社會中。這種思想，受了近代文化的影響，而發生了很大的變化，現在叫我們想像當時的人怎麼會想到死者的幸福是靠着物質的食物的，也很困難。然而古代歐洲社會的眞信仰，是和近代日本存在的信仰相似，這是可以知道的。死者當然不會取食物的實質•人們認爲死者是只會吸取看不見的精氣的。在祭祖的老時代，供給食物是普遍的舉行的，後來想到鬼是連精氣這樣的供物也是不要的，於是這種供物漸漸減少了。但是供物無論怎樣少，必須有規則的按時供給。死者的幸福是繫於這種食物的。而生者的幸運亦繫於死者的幸福。當時不能蔑視生死兩者的互助。看得見的世界和看不見的世界，兩者是給無數必要的羈絆結連着的，只要打破其中的一個結，一定會發生最可怕的結果。

我們回顧一切宗教上關於犧牲的歷史，可知其都是由來於獻給亡靈的供物的老習慣。印度・阿利安民族，從前也除了關於靈的宗教以外，別無其他宗教。事實上，一切進步的人的社會，在其歷史的某一個期間，一定通過祭祖的狀態。我們現在要想看這祭祖禮拜和高度的文化並存的事實，一定要到東洋去找。日本人的祭祖，雖然代表着阿利安人種以外的民族的信仰，其發達的歷史又有種種有趣的特色，而又具體着一般祭祖的許多特徵。其中特別存留着永存於風土各異的許多國家的，一切形式的三種信仰。這三種信仰是：

第一——死者是留在這個世界的——他出沒於墳墓及以前的家庭，雖則看不見，是共同享受着活着的子孫的生活的。

第二——凡人死後，都獲得超自然之力，而成爲神，但是生存時的特質是仍舊保持着的。

第三——死者的幸福，繫於生存者的可貴的服事；生存着的幸福，又繫於忠實對死者盡義務。

除這極舊的三條外，又有下列二條。這恐怕是在後世發達的，而一定發揮過偉大的力量。

第四——不管是善是惡，現世的事件，如四季和順、豐收、洪水、飢饉、暴風雨、海嘯、地震等，都是死者的所爲。

第五——不管是善是惡，所有人的行爲，是給死者支配的。

頭三條信仰，是從文化的曙光時代，或在其以前，從死者沒有力的差別，都是神的時代起，一直留到現在的。後兩條，是眞正的神話——廣範圍的多神教——從祭鬼發達而來的時代的東西。這種信仰決不是單純的。那是嚴肅而可怕的信仰，在未受佛教之助將其驅逐以前，一定像永遠的惡夢一樣重重的壓迫着人們的心。但是那比較溫和的舊信仰，現在還是祭祀的根本要素。日本的祭祖，在過去二千年間雖曾發生過很大的變化，但是有關於人的行爲的主要性質，倒沒有給它發生過變化，而社會的全部機構，就建築在這性質上，這恰如建築在道德上的基礎一樣。日本的歷史，實在是這個宗教的歷史。關於這一點，政治的日本古語就是祭事， 文字上表示政治就是祭祀， 這是最值得注意的一個事實。今後我們將會知道：不獨是政治，日本社會的幾乎一切事情，都直接間接由祭祖而來，同時可以知道：國民的統治者，以及創造國民之命運者，不是生者，而是死者，即祖先之靈。

家庭的宗教

社會與宗教的進化的大體的過程上，劃分着祭祖的三個時期，各期一一在日本社會的歷史中說明着。第一期是在一定的文化未成立前，尙未有國家的統治者，社會的單位，是以大族長爲主的一族，以其長老或武將爲主君的時期。這個時候，只有一族的祖先之靈被祭祀着，各族單祭該族的死者，其他一切禮拜的形式，此時尙未成立。後來以族長爲主的幾個家族拌在一齊，形成部族的氏族，這時候就有了部族祭祀氏族的統治者之靈的習慣。這個祭祀加在家族的祭祀上面，於是劃出了祭祖先的第二期。最後，所有氏族或部族在一個最高主長之下統一了，於是有了祭祀一國的統治者之靈的習慣。這第三個禮拜的形式，是國家當然要保護的宗教。但這個形式並不是將以前的兩個形式取而代之的，這三種形式是並存着的。

上述三期的發展，以我們現在的知識，未能明白追溯其跡，但根據種種記錄，可以推斷禮拜的永繼不絕的形式，是由古葬禮發達而來。日本葬禮的舊習慣，和歐洲大相差異。這差異在日本方面，表示其在更原始的社會狀態存在的。希臘與意大利的舊習慣，一族的死人是埋葬在該族的領地內的。因此希臘羅馬的關於財產的法律，亦由這個習慣發生。有時，死人就埋葬在家的近傍。「古代都市」的著者，從關於這個問題的舊記錄中，即由優利庇底斯寫的海倫的悲劇裏，引用頗有興趣的祈願如下：「我來拜詣父親的墳墓了，我為想常常來訪問父親，將你普羅蒂烏斯葬在往來頻繁的地方，那末你的兒子塞俄克利梅奴斯，每次外出都可以來看你了……。」但是在古代日本，人們從死的近傍逃開了。即暫時或永久放棄死人住過的屋子，這是很久遠的習慣。我們可以這樣想：無論在那一個時代，將死人葬在一家還活着的人的住宅近傍，不會認為這是好的。據日本的可信賴的話，極古的時代並沒有埋葬這回事情。屍體被搬到寂寞的地方，任鳥獸啄食。這倒不必去說，不過關於埋葬的習慣已經成立的時代，這個時候的古葬禮，倒有確實的文獻。這種儀式是希奇古怪，和一定的文化習慣毫無共通之點。我們有可以相信的理由這樣說：家族的住宅，最初不是暫時，而是永久為了死人放棄的。他們的住宅是極簡單的木造小屋，由這事實想來，上述的想像未必不是事實。總之，屍體在叫做喪期的一定期間內，被放在因這人之死而被放棄的家，或特為這個目的而造的小屋內。在這喪期內，有飲食物供在死人面前，屋外則舉行儀式。儀式之一為朗誦讚美死人的詩。這詩叫做誄辭。笛、鼓的音樂及舞蹈也有。夜裏，在家前焚篝火。這些事情，在一定的喪期——據典；或作八日，或作十四日——舉行之後，屍體就被埋葬了。這被棄的家，後來有變成祭祖先的社或靈屋的可能——即神道的宮的原型。

古時——不知道在甚麼時候——發生了一種習慣，卽有人死亡時，給他造喪屋；埋葬前，先在這喪屋舉行祭祀。埋葬的方法極簡單，旣沒有墳墓這文字所表示的東西，也沒有墓石。只在墓穴上面堆個土墩子，其大小視死人的身份而不同。

離開死過人的家，這風俗和日本民族族的祖先爲遊牧民之說是一致的。這種風俗，和古希臘羅馬的文化那樣固定的文化是完全相反的。希臘及羅馬的風俗，埋葬雖小，總是承認那塊地方的永久所有權的。不過雖在極古的時代，大概也有異於這普通風俗的例外——因必要而生的例外。卽甚至於今日，在日本各處，特別是遠離寺院的地方，也有農家將死人葬在自己的土地的習慣。

——埋葬後，隔一定的時間，在墓邊舉行儀式，供飲食物給靈。從中國傳入靈牌，眞正的家族禮拜成立後，在埋葬的地方供食物的風習，還是沒有消滅。這種風習現在依舊存留在神道和佛教的儀式中。例如每春由勅使將鳥、魚、海草、米、酒等自古一樣的東西，供在神武天皇的御陵。這是獻給那在二千五百六十年前開國的大君的靈的。但是未受中國的感化的時代以前，一族大概是只在喪屋或墓邊祭祀死人的。當時人們以爲死人的靈已入不可思議的地下世界，而它所住的地方，只是那個墳墓。人們又以爲死人的靈除了食物以外，別的東西也是需要的。因此亡靈用的種種物品，例如武士的劍，婦女的鏡子等，生前特別珍愛的物品，如貴金屬寶玉等，和這些東西一齊埋在墓裏。人們想像死人的靈，活着的時候要甚麼東西，死了後到那一個世界，也是需要那些東西的。在這個祭祖的時期，除了動物的犧牲外，又有人的犧牲，這可以認爲是當然的。貴人死後，舉行葬禮的時候，這種犧牲是普通的事情。爲了某種信仰，——關於這種信仰，我們現在一點知識也沒有——這種犧牲比希臘羅馬時代的犧牲更殘忍。做犧牲的人們，（馬及其他動物有沒有做犧牲，倒不明瞭）在墓的周圍作環形埋在土中，埋到頸邊，受鳥類野獸的啄食而朽掉。形容這種犧牲的兩個字——人籬——告訴我們一次犧牲的人類是很多的。這種風俗約在千九百年前，爲垂仁天皇所廢止，但據「日本紀」說，這是上古的風俗。垂仁天皇之弟大和彥命死後，其墓上土墩子內照例埋了犧牲者，天皇聽見他們的哭聲，生憐憫之心，便宣告道：「生存時寵愛過的人，現在强迫殉死，太可憐了。即使這是古來的風俗，假使這是不好的，爲甚麼要照着做呢？今後須商量廢止殉死！」當時宮廷的貴紳野見宿禰——現在被祀爲相撲（卽日本的摔角）的恩人——就提議用泥做的人與馬，以代生物。這個提議蒙皇帝嘉納了。人籬就此廢止了，但是自願或被迫跟着死人而去的事情，繼續到數百年之後。公元六百四十年，孝德天皇曾爲這個問題，下了詔書，可爲明證：

凡人死亡之時，若經自殉，或絞人殉，或强殉亡人之馬，或爲亡人藏寶於墓，或爲亡人斷髮刺股而誄：如此舊俗，一皆悉斷。

這個詔書對於强迫的犧牲和世間的風俗，大概立刻發生了所希望的效果，但是自願的犧牲，並沒有絕對禁止。跟着武權的擡頭，發生了另外一種殉死，跟死了的主君而去的風俗——就是用刀自殺。這種殉死，始於公元一三三三年左右，當北條執權的最後一個人高時自殺之後，其多數臣下跟着主人切腹的那個時候。這個事件是否眞的造成了這種習慣，倒有疑問的餘地，但是十六世紀時，殉死在武士之間已成爲一種有名譽的習慣。忠義的家臣，認爲主君死後，自殺而隨主人入冥界，是自己的本分。佛教在一千年間的敎化，也沒有能力將這把犧牲當做本分的原始的思想消滅掉。這種習慣繼續到德川將軍的時代，將軍家康便制定了禁止的法律。這法律是嚴厲執行了。自殺者的全家族，殉死時要負其責任。但是這種習慣到明治時代後經過很長的時期，還是不能夠完全消滅掉。我在日本的時候，餘風未墜，發生過極令人感動的事情；他們爲了希望自已能彀服事主人、丈夫、雙親在那看不見的世界的靈，而去自殺。最奇怪的，是十四歲的少年，爲了想服伺主人的幼子之靈而自殺的事情。

在墓傍殉死的特別事實，葬禮的特徵，及放棄死人住過的家，這些都是證明這祖先禮拜是原始的。神道認爲死是不淨而特別畏懼，這事也可以拿來做證明。在今日，去參加葬禮一事——假使葬禮不是依照神道的儀式舉行的——便是宗教上的汚點。上古的伊邪那岐命，爲尋覓他的死了的配偶（伊邪那美命）而下黃泉的事情（譯註），足以說明那關於支配着死的魔神的從來的可怕的信仰。把死當作腐蝕而恐懼，這和祭祀亡靈之間，並無任何不調和的地方。吾人應將祭祀解釋爲贖罪。這最古的神的道，是永久的恐怖的宗教。職是之故，普通人的家，死人之後，即予放棄，速天皇在最初幾世紀之間，先帝崩後，亦以遷都爲常。但從這原始的葬禮，慢慢發達了高等的祭祀。悲哀之家，即喪家，變成神道的社，現在還保存着當時的小屋子的形。後來受了中國的感化，祭祀在一家之內堅守不失，再後來佛教更使它繼續下去。家族的這個宗教，慢慢變成教人懂得哀愁的宗教，又變成以義務本分爲主的宗教，改變了人們對於死人的觀念，並使這種觀念和緩起來。遠在第八世紀的時候，祭祀發展了現在還保存着的三種主要形式。爾來家族的祭祀便開始具有了和古代歐洲文化的家族宗教在許多點上非常相似的性質。

譯註：「古事紀」的神話。後章「神道之發達」中有說明。

現在來看現存的家族祭祀的形式吧。我們要看的是日本的一般的宗教形式。日本的每一個家庭，一定有爲此而設的神壇。假使那個家庭只有神道的信仰的話，則神壇即御靈屋（註）（尊嚴的靈的住處），放在裏面的房間的壁上的架上。神壇的形，可以說是小規模的神道的社。安置神壇的地方，約在離地板六尺之高處。安置神壇的架子，叫做みたまの棚，即「尊貴的靈的架」之義。這神壇有白木做的小板牌，上書一家的死人的名字。那家族若是以佛教的形式禮拜祖先的話，死人的板牌便安置在佛教的神壇即佛壇裏面。佛壇占有裏面房間的地鋪的上部。佛教的這死人的板牌（有若干例外），叫做位牌，其義爲「心的追憶」。牌上塗漆，金色，其臺上彫有蓮花，上面所書名字，大概不是死者的眞名，而是法名或戒名。

註：通常稱爲宮，即嚴肅的家之義。普通的神廟也叫做宮。

在這裏重要的，是無論那一種禮拜，這板牌(即靈牌)事實上表示小形的墓石。這是進化上有興趣的事實。不過這進化與其說是日本的，不如說是中國的。神道的墓地的簡單的墓標，是亡靈形的木頭，或者是神木，但是老式的佛教墓地的墓石，其形如靈牌。大凡靈牌爲要表示男女的性別和年齡，形狀各自略有差異，墓石亦然，其形亦略有差異。

一家的神壇內的靈牌數，通常不超過五個至六個。因此家中只有祖父母，父母以及最近死的人的靈牌。但是遠祖的名字，則記在卷軸裏，藏在佛壇或神壇中。

不論家族的禮拜儀式如何，祖先的靈牌前，是要天天祈禱，天天供食物的。食物的種類及祈禱的性質，視一家所信仰的宗教而定，但是祭祀的主要義務，則是家家一樣。無論有甚麼事情，這義務是不能漠視的。因此當時通常由年長者或一家的婦女來執行。（註）祈禱既無冗長的儀式，也沒有命令式的規則，也沒有甚麼嚴肅的地方：祭品是從家庭的食物裏選出來的。在口中低唸的祈詞，是簡單的。這儀式看上去雖很無聊，但這實行決不是可以輕視的。恐怕做夢也不會忘記供祭品給死者之靈，只要家族存在，這事是一定要做的。

註：但是在公共的場合，例如親族集合在一家舉行周年時，便不這樣了。這時候祭祀是由一家之長執行的。關於供給食品的器皿及食物給衆神的老習慣——曾經是日本的每一個家族的習慣，現在還保存在神道的家庭的習慣——薩都爵士這樣說：「這些祭祀諸神的儀式，最初由一家之長執行，後來交給一族的婦女們」。（古日本的祭祀"Ancient Japanese Rituals"）關於古儀式，我們也可以知道在極古的時候，這事情也爲了便利起見，交給婦女們去做。這義務成爲一家的年長者——祖父母——的事情時，管理祭品的人通常是祖母了。在希臘羅馬的各家庭，舉行家族的儀式，好像也是家長的責任，不過我們知道，婦女們也是參加的。

要詳細叙述家庭的禮拜儀式，需要許多篇幅——並非因爲宅複雜，而是因爲和西洋人的經驗大相差異，視一家的宗派如何而異的緣故。細目可不必去研究吧，要在考察那是那一派的宗教，同時考察那信仰的時候，要和人的性格及行爲關連起來。不過除了這家族的禮拜外，別無更眞的宗教，也沒有更使人感動的信仰，這一點是深深銘記的。因爲這信仰認爲死人依舊是一家的一分子，因此他還是需要子女近親的愛情及尊敬的。在那恐怖强於愛情的黑暗時代——在那想使死者的陰靈喜悅的慾望，主要由畏懼死人發怒的心發生的時代——開始的這個祭祀，終於發達爲愛情的宗教，至今不變。死者在要求着愛情，冷淡死人的殘酷的，死者的幸福視生者如何履行義務而定，這樣的信仰，是將那最初畏懼死人動怒的恐怖心完全拋棄了的信仰。他們並不認爲死人是已經死了的，他在曾經愛過他的人們間，仍舊存在的。人的眼睛雖然看不見，死者還是守護着家，注意着住者的安寧。又每晚在神壇的油燈的光內飄浮着，那油燈的火焰的搖幌，就是死人在那裏動着。死人大抵住在寫有文字的靈牌裏面——

有時給與靈牌以生命——使它變成人的肉體，爲幫助生者，安慰生者而回到現世。死者就從神壇見聞一家發生的事情，和一家共喜愛，聽周圍人們的聲音，得到溫情，便會快樂。他們雖然要求愛情，但是一家朝夕的行禮，也足夠使他們歡喜。他們又需要食物，但只要食物的精氣就夠了。他們只對於每天向他們行禮這回事情是嚴格的。他們是給與生命，給與財富的。一家之有今日，是靠了他們；指導今日者，也是他們。他們又代表着民族的過去，和民族的一切犧牲；生者現在所有的，都是他們所賜。然而他們所要求的東西，倒非常的少。只要把他們當做一家的建立者，保護者，而以這樣簡單的話表示謝意就行了：「尊貴的靈呀！對你不分晝夜給予我們的幫助，接受我們恭敬的感謝吧。」忘記他們，冷淡他們，就是邪心的證據。又以行爲侮辱他們，以惡事沾汚他們的名字，這是最大的罪惡。他們是代表着這民族的道德行爲的，否定道德行爲者，就是否定他們，這種人是屬於野獸之列，或者墮落到更低的地方。他們死人代表着無文的法律，社會的傳統，以及人們對於人們的本分，犯這些事的人，就是對死者犯罪。最後，他們又代表着眼睛看不見的神秘的世界，從神道的信仰來說，至少他們是神。

適當於英語 Gods 的日本語「神」，和古拉丁語 Dii-manes 一樣，並沒有含有神性(Divinity)這個與近代的概念一致的觀念。這是必須記住的。日本的「神」這個字，用「尊長」(The Superiors)「高貴的人們」(The Higher Ones) 等語來表現，也許更恰當。事實上，這字過去既用來代表鬼神，但同樣也用來代表現實的統治者。不過，這字含有的意義，遠在「離開了肉體的靈」這個觀念以上，因爲根據古神道的教，人死則變成世界的統治者。所有死人都是自然界的事件的原因。風，雨，潮流，發芽，成熟，發育，衰滅，使人快樂的事情，可怕的事情，以及其他一切原因，都在於死人。他們死人成爲一種精妙的元素——從祖先傳得的精氣——遍存於宇宙之中，不斷的活動着。他們的力量，假使爲某種目的而結合起來，便會成爲不可抵抗的力量。因此，國家遭遇危機的時候，就祈求他們幫助，以抵抗敵人，把他們做爲全體而祈禱。所以從信仰的眼睛看來，各家族的亡靈的背後，有着無數神們的不可測度的力量。因此，對於祖先的義務感，爲了這個左右世界的力量——爲了畏敬這不可視的廣大無邊的力量之念——加倍深刻化。據原始神道的思想，宇宙是充滿着陰靈的。據後代的神道的思想，陰靈的存在，是不受場所與時間所限制的，每一個靈也一樣。平田篤胤說：「靈的居處是神壇之內，但同時靈被祭着的地方，靈是到處存在的——因爲是神，故無往而不在。」

佛教信徒的死者，不叫做神，而叫佛（Hotoke）。這個字與其說是表現着信仰，不如說是表現着由信心而來的希望。據這信仰，死人是單在走向更高的生命狀態的途中；所以既不像神道的神一樣被祭祀，也不受人祈禱。卽祈禱是爲死人而作，故通常（佛教的儀式內亦有例外）不是向死者而作的。不過日本的佛教信徒，大多數是神道的憧憬者；這乍看似乎不合理，但這兩種信仰在世人的思想裏已經調和了許久了。因此佛教的教理，對於祭祀祖先所附帶的思想，並沒有給與怎樣深刻的影響。

在有一定的文化的族長政治的社會裏，產生着尊崇孝道的宗教。在有祭祖文化的人民間，孝道今日還是最高的道德……。但孝道這兩個字，和普通以英語所傳者不同。英語的解釋是：子女對於雙親的尊敬。這是不對的。所謂孝，甯可以古義，卽羅馬人的 Pietas（此字含有義務，愛情，感情，愛國心，對於親族之忠實等義）來解釋。詳言之，應將一家的本分在宗教的意義上加以解釋。卽在這文字之中，包含着這一切東西，如對於死者的敬意，對於生者的義務感，子女對於雙親的愛情，雙親對於子女的愛情，夫婦相互的義務，養子養女對於作爲一體的家族的義務，僕婢對於主人的義務，主人對於從者的義務等等。家族本身就是宗敎；由祖先傳來的家，就是寺廟。我們在日本可以看見一族和家，到現在還是這個樣子。所謂孝道，在日本不僅是子女對父母及祖父母的義務之意，它含有更高的意義，如對於祖先的祭祀，對於死人的敬虔的服務，現在對於過去的感謝，個人對於一家全體的行爲等。所以平田氏說，一切德義，均出於祖先之禮拜。沙多爵士翻譯的平田氏的話，尤其値得注意：「把自己當做祖先的僕人，精勤禮拜祖先，這是臣民的本分。收養子養女的習慣，是由於祭祀祖先，不使之斷絕的自然的願望。這個願望，是決不可閒視不顧的。獻一身於祖先的回憶，這是一切道德的源泉。能够對祖先完全盡其義務的人，對於諸神及在世的雙親，也決不會做不敬的事情。這樣的人，對於王侯則忠實，對於朋友則眞實，對於妻子則親熱溫柔。因爲獻身這事的來源，實在就是孝的心。」

由社會學者的見地來說，平田的思想是對的。東亞的倫理的整個系統，出自家族的宗敎，這是無可置疑的事實。因祭祀之功，發生了對於生者及死者的一切義務感；如畏敬之念，忠實之感，獻身的精神，愛國的精神等。在東洋，生命是可以購買的。由這事實最易想像孝道會發揮怎樣的宗敎上的力量。這種宗敎是中國及其諸鄰國的宗敎。在中國，生命是可以出賣的。因有中國的孝道，巴拿馬鐵道才得完成。在巴拿馬，開拓土地是讓死神跋扈的事情。幾千個工人給大地吃掉了，白種人及黑種人的數，終於不够來完成這個事業了。但這勞工從中國得到了，以生命的代價得到了，要多少就有多少。這生命的代價，是眞的付出了；無數人從東洋而來，服勞役而死了。這是爲了這些人們的生命的代價，可以送到他們的家族跟前……。我不懷疑，假使這樣的犧牲，以命令形式要求的話，生命在日本也是立刻可以買得到的——即使價錢大概沒有那樣便宜。這種宗教所行之處，個人爲了家族，爲了家庭，爲了祖先，隨時可以貢獻他的生命。能够使人這樣犧牲的孝道，推而進之，會成爲了主君不惜犧牲家族的忠義之念。再推而進之，則如楠正成一樣，會變成希望七度投生以報主君的忠義的心。從孝的心發達了守護國家的一切道德上的力量——當壓制政治危及世間的安寧時，對於官廳的暴政，也往往不辭加以正當的限制的力量。

在古代西洋，以家族的神壇爲中心而存在的孝道，和現在遠東依舊發揮着力量的孝道，本來並沒有多大差異。不過我們在日本，看不到阿利安民族特有的爐邊，即屋內放着燃燒不熄的火的家族的神壇。日本的家庭的宗教，其發生時期，遠較希臘人及羅馬人間在有史時代有的爲古。古代日本的所謂母屋，並不像希臘或羅馬的家庭一樣，有確定的組織。將家族的死人埋葬在該家族的所有地的習慣，一般是沒有的，住宅本身就沒有確定的永久性。羅馬的武士可以說 Proaris et focis「爲我們的聖壇及爐邊」，但這句話用在日本的武士就不妥了。日本的家沒有聖壇，也沒有神聖的火，它有的是夜夜點着小小的神燈的靈架神壇。古時，日本並沒有衆神的影像。它沒有雷利斯和皮內提斯（Laresaud. Penates 在冥界護家的羅馬諸神），有的是祖先的靈牌，另外有小板牌，上面只有其他諸神——守護神的名字。因爲有這樣脆薄的木製的東西，家庭才更像個家庭。又因此，這些東西當然到處可以搬走。

現在西洋人要理解這個一家的宗教，禮拜祖先（這是現在活着的信仰）的完全的意義，已經不容易了。我們阿利安民族的祖先，究竟對於死者怎樣感想，關於這，我們只能漠然想像而已。不過我們在日本的活的信仰中，可以得到許多東西，暗示古希臘的敬神之念，究竟是怎麼一回事情。男人也好，女人也好，他們認爲一家的各分子，都無時不受着靈的監視，靈的眼睛注視着各人的每一個行爲，靈的耳朵又聽着他的話。和行爲一樣，思想在死者的注視前，也無法逃開。因此，靈所在的地方，人的心必須至純，精神也必須受抑制。這種信仰的感化，一定在數十年之間，不斷的加在人們的行爲之上，結果，造成了日本人的性格的美的方面。不過在這家庭的宗教裏面，現在並沒有任何嚴肅得令人蹙眉的地方——佛斯特・德・克蘭治認爲特別是過去羅馬的特徵的嚴峻性，在日本的家庭宗教中，絲毫也沒有。日本的家庭宗教，可以說是感謝與溫情的宗教，死了的人，活像眞有身體而與一家人一同起居一樣，受着家族的服侍。我這樣想，我們暫時也好，假使能夠置身於希臘某都會的過去的生活裏面，一定可以發見他們的家族的宗教，和今日日本家族的祭祀一樣，都是快活的。我又這樣想像，三千年前的希臘的兒童，正像現在的日本孩子一樣，看見祖先靈前供着甚麼甜東西，就想伺機偷吃，而希臘的雙親，也像日本的雙親在明治時代申叱孩子一樣，申叱中加以教訓(註)，暗示這樣偷吃是不吉的，總之，溫和地申叱了孩子們。

註：供與死者的食物，過後由家中的長者吃掉，或順禮施與，但孩子是不好吃的，吃了，據說長大了沒有記憶力，不能成爲學者。

日本的家族

凡是自古永繼而來的祖先禮拜，構成其基礎的大而且廣的思想，就是認爲生者的安甯是倚賴死者之安甯的思想。古代的家族組織，財產及繼承財產的法律，換言之，即古代社會的全部組織，都在這思想及由這思想發展的祭祀的影響之下發展而來。這在東洋與西洋，都是一樣的。

但是未去思考舊日本的社會組織如何由祭祖形成以前，我得請讀者鄭重注意一件事情，即在最初的時候，除了死者以外別無所謂神。當日本的祖先禮拜造出了神話的時候，其中諸神不過是鬼變換了姿態罷了。這就是一切神話的歷史。天國及地獄的思想，在原始的日本是不存在的，輪迴的觀念，也是一樣。佛教的再生的教——這是後來由他處借來的教——也是和上古日本的信仰是完全不兩立的，爲了樹立這個教，曾經需要過有力的哲學教理。不過，我們可以這樣想像：日本人對於死者的舊思想，和荷馬以前時代的希臘人的思想，是非常相似的。那時的人以爲有鬼下去住的地下世界，但鬼是又喜歡登在自己被葬的墓地或神壇旁邊的。以爲鬼有普遍存在的力量的思想，並非最初就有，而是後來慢慢發達的。甚至於在這思想發展的時候，人還是以爲鬼是特別喜歡附麗在墓地，神殿，或住宅的。平田篤胤在十九世紀之初這樣寫着：「死者之靈，繼續存在於我們周圍到處都有的不可見的世界裏面，變成賦有種種性格及種種程度之力的衆神。有的住在爲祭祀他而建立的社裏面，有的住在墳墓近旁，都繼續和生前一樣服侍着他們的主君，雙親，以及妻子等」。不用說，這「不可見的世界」，大體是可見的現世的摹倣，人們以爲兩者是一樣的，那個世界的幸福，是倚賴生者之助的。即生者與死者是相依爲命的。因此鬼最需要的事情，是有供饌的禮拜，而人認爲最重要的事情，是將來有人準備祭他的靈。沒有得到將來有人爲他祭祀的保證而死去，是最大的不幸……懂得這種事實，就容易了解族長家族的構成。這構成是爲了準備保守死者的祭祀而成立的，人們以爲疏忽這個祭祀，就會招致不幸。

讀者一定會注意到在古代阿利安民族的家族內，結合着這家族的覊絆，並不是以愛情爲主的覊絆，而是宗教的覊絆，所謂自然的愛情，只有從屬的地位罷了。這個情形在有着祖先禮拜的地方，必定成爲族長的家族的特徵。因此，日本的家族，也和古希臘羅馬的家族一樣，是嚴格意義的宗教社會，現在還是照樣保存爲宗教的社會。它的構成是依從祖先禮拜的要件而成立的，後來進來的孝道之敎，也是早已在中國應同種宗教的需要而發達的。我們認爲在日本家族的構成，法律，習慣等，與舊阿利安民族的組織及傳統的法律之間，可以發見許多類似點。社會學的發展的法則，僅容少許例外存在，而大抵是相同的，因此事實上，這許多類似點是顯然可以發見的。深加比較研究的材料，尚未蒐集齊全，因此關於日本家族過去的歷史，還有不十分明瞭的地方。但就大體來說，古代歐洲的家族制度，與東亞的家族制度間的類似，是容易找得到的。

在初期歐洲的文化，以及舊日本的文化，都有一種信仰，以爲若能嚴格的去盡那祭祀祖先的任務，一家就會繁榮。這個信仰現在還支配着日本家族的生活，這是顯著的事情。他們現在還以爲一家的幸運，在於拜祖先，而最大的不幸，則是不留下一個爲祖先祭祀供饌食的男子。在古代希臘人與羅馬人之間，所謂孝的最高任務，是使家族的祭祀永繼不絕，因此獨身生活通常是被禁止的——結婚的義務，不由法律來勵行，即由輿論來勵行。在古代日本有自由權的階級，結婚照一般的規則來說，也是嗣子的義務，獨身生活不由法律定爲有罪時，即由習慣受到非難。次男以下，無子而死，不過是個人的不幸，但是嗣子無後而死，卽是對於祖先的罪惡——因爲這樣則祖先的祭祀有斷絕的危險。無論藉甚麼口實，無子是不能容許的。日本的家族的法律，正和從前的歐洲一樣，沒有兒子的時候，就有充分的準備。即就是妻無子的時候，她便有被離婚的可能。沒有離婚的理由時，便可爲獲得世嗣而置妾。家長又有收養他人之子爲世嗣的特權。不良的兒子，也有被廢的可能，而收他家青年爲義子來代替。最後，全是女子的時候，則由長女迎夫入贅爲義子，以繼祭祀。

不過和古代歐洲的家族一樣，女子是不能繼承一家的。繼承的血統僅屬男系，故有獲得男性嗣子的必要。據古日本的信仰，和古希臘羅馬的信仰一樣，賦與生命者，不是母親，而是父親，創造生命的本源，在於男性，保持禮拜的任務，不屬於女子，而屬於男子。

婦人也參與祭祀，但不能保持它。而且一家的女兒們，一般都有嫁給他家的命運，所以對於家庭的祭祀，只能有暫時的關係。妻必須信奉和丈夫相同的宗教，因此和希臘的婦人一樣，日本的婦人嫁到他家，當然會參加丈夫的一家的祭祀。職是之故，特別是族長的家族中的女性，因爲不能和男性同等，因此姊妹也不能和兄弟同列。日本的女兒也和希臘的女兒一樣，結婚後也可以住在自己的家，這是事實。這是丈夫入贅而爲他家的義子，換句話說，這是丈夫被妻家迎爲兒子。但在這樣的情形下，女兒也只能參與祭祀，而負有保持祭祀的任務者，則是被收爲義子的丈夫。族長家族的制度，無論在何處，其起源都在於祖先的祭祀。因此未思考日本的結婚及義子問題以前，有將古代家族的組織，加以一述之必要。古時的家族，叫做氏（ウヂ）——這字本來與近代的文字ウチ（內）即內部或家同義，但從極古的時代，已用爲「名」——特別是氏族的名的意義了。氏有兩種，大氏（即大族）與小氏（小族），兩者都是由血統及同一祖先的祭祀結合而成的團體。小氏隸屬於大氏。社會的單位是氏。形成原始日本的社會的大團體，單由這氏結合而成——我們稱爲一族也好，稱爲氏族或部族也好。隨着一定的文化的發生。大的團體當然分裂開來，接着分得更小。不過其中最小的分派，還是保持着當初的組織。甚至於近代日本的家族，其中一部分仍舊有着那個組織。那不是一家的意思，而是和那希臘羅馬的家族在部族（Gens）分解後形成的狀態一樣。我們歐洲人這方面，家族已經完全分解，我們現在指某人的家族時，是指那人的妻而言。然而日本的家族却是更大的一夥子人。因爲尚早婚的緣故一個家之中有曾祖父母，祖父母，父母，兒女等幾代的兒女，通常在一個家族以上。在古時代，也許那個家族包含着一村或一鎮中所有的人員。因此在今日的日本，還有很大的社會，其中的人都是一個姓。在某地，以前這種習慣，盡量想法子將兒女們放在本來的家族團體裏面，例如所有的女兒都給她招夫入贅爲義子。這樣一來，在一個屋頂下住的團體，便由六十人或六十人以上而成，家這時候當然便要擴充加建起來（我只爲了說明，記了這樣不可思議的事實）。但是氏族定居之後，大的氏急速增加起來，邊鄙的地方雖還有一家構成一社會的情形，但是原始的族長的團體，一定在到處老早分解了。其後氏的主要祭祀還是繼續下去，又遺留爲它的小區分的祭祀，以前的部族的人們繼續祭祀了同一個祖先，即氏神。後來慢慢的，氏神的神壇變成近代神道的社，祖先的靈變成了地方的守護神。後來普遍成立了一家的祭祀後，每一個家除了社會全體的祭祀以外，又爲一家的死者而特別舉行祭祀了。這種宗教上的狀態，現在仍舊存在着。家族雖包含着許多的家，但各家又各自祭祀着自家的死者。一族的團體，不拘其大小，現在還保守着它的舊制度與特徵，它現在還是宗教的社會，它還要求着家族的各員服從傳統的習慣。

有了這些說明，那末在家庭戶主行祭祀的制度中，關於結婚及義子的習慣，恐怕可以明白了解了吧。不過這個現在依舊行着的制度，覺得尚有一述之必要。理論上，家長的權力還是一家中最高的。所有的人都要服從這個家長。此外，女性則要服從男性。妻要服從丈夫，家族中的年輕人要服從年長的人。兒女們非但要服從父母與祖父母，在同輩之間，也要守服從上長的家法，即弟服從兄，妹服從姊。優先的法則，執行得很溫和，不過是嚴格的，甚至於許多細小的地方，也是欣然服從着，例如吃飯的時候，長男最先，次男以下依次受服侍。有一句俗話，譏笑次男爲「吃冷飯的」，這足以說明這個習慣。這是因爲次男要等小孩子及年長的人把飯裝好，然後才挨到自己，那時飯已冷了。法律上，一族只可以有一個負責的家長。這個家長，也許是祖父，也許是父，也許是長男，不過大抵是長男，因爲依中國傳來的習慣，老人等到長男可以做事了，便將實權交給他，自己則去隱居。

年輕者服從年長者，女性服從男性——事實上家族現在的全部制度，大概就是過去族長的家族的，恐怕比現在更嚴格的制度的遺蹟了。本來這種家長，過去是有無限的力量的統治者，同時是神官。這制度本來是宗教的，現在也是。構成家族的人，不是結婚上的結合。在今日，作爲妻而加入一家的女子，有着一個義女的地位。結婚是做義子義女的意思。結婚的女子叫花嫁（新娘）。以同樣的理由，作爲一家的女兒的丈夫而加入這家的青年，他的地位也是義子的地位。這樣加入一家的新娘與新郎，當然要服從年長者，有時會因年老者的意志而被驅逐出去。做義子而加入他家的丈夫的地位，是困難而微妙的。「有米糠三合，別入贅他家」，這句日本的俗話，可以做證明。

義子及義女，從前差不多是任意可以驅逐的。不過我們不可忘記，古時日本家族的結婚問題，是有宗教上的意義的——結婚是孝道的主要任務。這在古代希臘羅馬的家族也是一樣的。那時希臘人及羅馬人的婚禮，不在寺院舉行，而和現在的日本一樣，在家庭舉行。這是家族的宗教的禮——假定新娘在祖先的靈前，被接入那一家的祭祀內的禮。原始的日本人間，恐怕還沒有這樣的禮，不過等到一家的神祀制定之後，婚禮成爲宗教上的禮，至今不變。但是普通的結婚，除非有特殊的事情，並不是在一家的神壇前或祖先的神牌前舉行的。普通關於結婚的規則，如果新郎的雙親尚在，則不在神牌之前舉行，如果雙親已亡，則新郎將新婦帶到神牌前，新婦就在這裏立誓服從。以前至少貴族間的結婚，其宗教性更爲顯明日本的婚禮的變遷，大體跟隨中國的先例，而在中國的族長的家族，其婚禮與古希臘羅馬的婚禮一樣，是完全獨自的宗教儀式。日本的婚禮與家族的祭祀的關係，雖不甚顯著，但研究的結果，已十分明瞭。例如新郎新婦用同杯相互飲酒一事，酷似羅馬的 Confarreatio（結婚時，將一種麥餅夫婦共食之禮）。舉行婚禮後，新婦便加入家族的宗教裏面。她須將丈夫的祖先認爲自己的祖先而畏敬，如果丈夫的家沒有年長者，便要負担代替丈夫奉薦食物的義務。但是從今以後，新婦對於娘家的祭祀，便毫無關係了。因此一個女兒爲結婚而離開兩親的家時，舉行一種葬送——嚴肅地掃除家中所有房間，在門前爲死者焚火——這表示在宗教上已經分離的意思。

關於希臘羅馬的結婚，克蘭治這樣說：「這樣的宗教，決不容許一夫多妻。」『古代都市』的著者（克蘭治）所想的那種社會是非常發達的家族的祭祀，關於這一點，克氏的記述殆無置疑的餘地。然而關於一般的祖先禮拜，或有失其正鵠的地方。因一夫多妻與一妻多夫，都能與祖先禮拜的尙完全未進步之形共存。克氏所研究的那個時代的西方阿利安民族的社會，的確是一夫一妻。古代的日本社會，則是一夫多妻，家族的祭祀成立以後，還有這樣的習慣。在極古的時代，結婚的關係就不大正確。妻與妾之間，沒有任何差別，這區別恐怕是後來受中國的影響而發生的。後來隨文化的進步，統治階級雖是一夫多妻，一般的傾向，則是一夫一妻了。家康遺訓第五十四條，很明白的說明這個社會狀態——這是一直繼續到現在的狀態：

「妻妾之差別，應以君臣之禮爲之，妾則天子十二妃，諸侯八嬪，大夫五嬙，士二妾，其以下匹夫也。」

由此看來，可知蓄妾一事，久爲特殊的權利。此事繼續到大名制度及武家階級廢止的時代，這一點足以說明古代社會的武力的性質（請閱斯賓塞著『社會學原理』第一卷第三一五節）。家族的祖先禮拜，與一夫多妻不兩立之說，雖非事實，但至少這種禮拜，因一夫一妻的關係而得便宜，因此有了發生這種制度的傾向，則是事實。我們可以這樣說：古時的日本社會，即使不是一夫一妻，但是自然的傾向，因為一夫一妻最適合家族的宗教及多數人民的道德觀的條件，因此向着這方面走了。

家族的祭祖一般的普及之後，結婚問題便和孝道關聯起來，把這事情交給年輕人自己去決定，便覺得不妥當了。換句話說，結婚問題不由孩子們自己決定，而由家族來決定。因為男女間的愛情，對於家庭的宗教的要求，實在沒有甚麼力量。結婚不是愛情的問題，而是宗教上的義務的問題。關於這個問題，如果另抱成見的話，便是違背了神的教。愛情過後會在夫妻的關係中發生出來吧。不，愛情是應該在這樣的關係中產生的。不過，無論怎樣的愛情，一有了危害一族的團結的力量，便被當做罪惡了。因此，有時因為丈夫過於痛愛他的妻，妻就被離婚，有時入贅的丈夫，因為他的愛情對於自家的女兒太有感化力，便被攆走。總之，要離婚的時候，家族一定會給你一個別樣的理由，而這種別樣的理由，想要並不難。

夫婦的愛情既然限制在一定範圍內，那末雙親的權利（據我們的理解）在古時日本的家庭裏也是被限制的。原來結婚的目的，是為了得到繼續維持祭祖的人，因此生下來的孩子，與其說是父母的，不如說是家族的。所以母親被離婚，或入贅的父親被離婚離家，或父親被廢嫡之後，他們生下的孩子還是給留在家裏的。因為年輕的父母的權利，被認為是附屬於一家的宗教上的權利的。反對這宗教上的權利者，無論是甚麼權利都被排斥。當然，事實上由於多少幸福的情形，個人在世襲的家中，也會享有自由，但從理論上及法律上講，舊式日本家族的一員，是沒有甚麼自由的；責任重大的家長，也不能例外。家族中的每一個個人，由小孩以至祖父，總向自己以外的某人服從着。家庭內的個人的行爲，因傳統的習慣而受着限制的。

和希臘或羅馬的父親一樣，古時日本的家族的家長，對於家中其他所有的人具有生殺與奪之權。我們可以想像，在遙遠的未開化時代，父親會將他的孩子殺掉或賣掉的。到了後代，在統治階級之間，父親的權力差不多還是沒有限制；這種狀態一直繼續到近代。有些地方雖因傳統而有例外，又有的階級因服從的情形而算例外，一般的說，日本的家長本來是一族內的統治者，是祭司，是法官。家長可以逼使兒子結婚，也可以逼使兒子不能結婚，又可以將長子廢爲庶子，可以逐出家庭，可以決定孩子們的職業。家長的權力又及於家庭中的其他分子及家中的傭人。在普通的家庭，家長的權力在某時代也曾受過若干限制，但是在武人階級，這家長的權力Patria Potestas幾乎是無限的。說到極端，父親的權力可以左右一切──對於生命及自由的權利──逼使結婚及强迫維持結婚狀態的權利──對於自已的孩子的權利──保有財產的權利──保持官職的權利──選擇職業或維持職業的權利──可以左右這一切事情。換句話說，家庭就是專制主義。

不過這樣的獨裁主義，若從宗敎上的信仰來講，是被認爲正當的。一切事情，若爲了一家的祭祀，便該供作犧牲。家族中的各分子，爲了使一家永繼不絕，必要時生命也要提供。由這樣的確信看來，這種獨裁主義是正當的。此點不可忘記。記住這一點，便容易了解在這其他方面有進步的文化的社會裏，將父親殺兒子或賣兒子當做正當的事情了。兒子的罪惡，會招致一族的滅亡，祭祀斷絕。尤其是日本武士的家族，整個家族對其中的一員負有責任，其大罪會株連全族被處死刑，甚至於小孩也不能逃避，在這樣的武士社會裏，那是更加正當的。逼於極度的必要時，有時女兒的賣身能挽救一家的滅亡；孝道爲了一家的祭祀，甚至於要求家中的一分子服從這樣的犧牲如在阿利安民族之間一樣(註)，財產依長子繼承的權利，由父傳給兒子。長子在其他財產分給其他多數兒子的時候，宗家總是由他來繼承的。不過屬於宗家的財產是家族的財產。這財產不是傳給作爲個人的長男，而是傳給作爲一家的代表的長男。大體的講，父親做家長的時候，不得到他的承認，兒子無法獲得財產。照規矩，——雖則有種種例外——女兒不能繼承一家，因此一家只有一個女兒的時候，便招夫入贅爲義子，一家的財產就會落在這個義子手裏。因爲(一直到最近)婦人不能成爲一家之首。這在西洋阿利安民族的家族，在禮拜祖先的時代，也是同樣的。

註：古時日本的父子繼承法，隨階級地方及時代而大異，關於此事的整個問題，尚未充分討論，因此這裏僅述一點比較可靠的一般事實。

由近代的想法來看，舊日本家族中的婦人的地位，那眞是不幸福的。做孩子的時候，女人不獨要服從長輩，對於家中其他所有成人的男子也要服從。出嫁到別人的家，也同樣要服從，而且更不如的是，過去在自己祖先的家中可以得到的父母兄弟姊妹的愛情現在是沒有了。她所以在丈夫的家裏，並不是由於丈夫的愛情，而是由於多數人的意志，特別是年長者的意志。離婚的時候，女子也不能要求將自己的孩子帶走，因爲她的孩子不屬於她而屬於丈夫的家族。無論甚麼時候，妻的任務比家中的女傭人還要苦。只等到年老之後，女人才有希望發揮一點權威，可是在這個老年，她還要受人家監護，女人的一生可以說完全是在監護人之下過的。「女人無家於三界」，這是日本的古諺。女人又不能有單屬於自己的祭祀。爲了一家的女人們的祭祀是沒有的。和丈夫的祭祀沒有關係的，單屬於婦人的祖宗的祭祀是沒有的。女人因結婚而加入更高位的家族時，她的地位越發困難了。貴族階級的婦女，自由是完全沒有的。貴族階級的女人，如果不坐轎子，或有人警護，連門外也不能走出去。如果丈夫有妾的話，妻的生活恐怕更苦吧。

以上就是古代的族長家族的情形。但實際上的情形，大概比法律及習慣的表示好的多。日本民族本來是明朗快活的，因此在數世紀前就克服了人世的困難，而發見了許多將法律及習慣的嚴厲的要求使之軟和的方法。家長濫用其偉大權力的事實大概很少。家長雖有法律上最可怕的權利，不過這些權利是因爲他有責任所以自然具有的，因此不至於連社會的批評也不顧的濫用權力。我們須記得在古時代法律上是不承認個人的，被承認的只有家族，家長在法律上是做爲一家的代表人而存在的。因此家長犯了過失，全家人都要株連受罰。同時家長過分使用權力時，也要負相當的責任。他能使他的妻離婚，又能趕走兒子的妻，不過這種行爲都要對被離婚者的一族負責任。離婚一事，特別是在武士的階級，有引起家族之怒的危險，因此非熟慮不可。無理叫妻離婚一事，被認爲是對於妻的家族的侮辱。家長可以使唯一的兒子脫離關係，但是除非是下等階級的人，家長總得向社會聲明這件事情（註）。家長對於一家的財產有時處理不當，這時便可以向有關方面控訴，結果有時家長也會被命退隱。由我們所研究的古時日本的法律中今日尚殘留者判斷起來，家長也不能出賣或讓渡其所有地，這好像是一般的規則。家族的統治是獨裁式的，但這統治非屬於主人一個人，而是一家全體的統治，家長實際上是在其他諸人的名下執行其權力的。……在這樣的意義上，家長現在還是獨裁主義的，可是法律上的戶主的權力，後代因習慣由內外兩方面受了限制。招贅、廢嫡、結婚、以及離婚的行爲，通常須徵得家族全體的同意來決定，實行任何對於個人不利的重要事情時，事先必須由一家及親族來決議的。

註：武士階級的父親可以殺不貞潔的女兒或玷污了家名的兒子，但是武士身分的人絕不出賣自己的子女。只有下層階級，或武士以外的其他階級的家族，當進退維谷時出賣女兒。不過女兒

爲了家族自己情願賣身，這樣的事例是有的。

不過舊的家族制度，也有好處，就是個人的服從也會得到報酬。因爲家族是相互扶助的一個社會，所以一方面要强迫順從，一方面給與帮助。必要時，家族中的各分子，爲了帮助別的分子，總可以做點事情。各分子享有從全體受保護的權利。日本的家族現在還是這樣。在各人以禮讓親切的舊形式行動的規矩的家庭裏，沒有人發出粗魯的話，年少者抱着愛情深湛的畏敬之念來看年長者，年老不能再活動工作的人們，親自來照顧孩子，擔任敎育訓練上的寶貴任務，在這樣的家裏，可以說實現着理想狀態。家中各人的努力，是爲了使家中所有的人的生活盡量愉快，其結合的覊絆是愛情，是感謝，這種家庭的日常生活，是最好最純粹的。宗敎性的生活，而家庭這個場所是神聖的。

我們還得講一講古時日本家族裏的從者或傭人。事實上雖然沒有充分的定論，日本的最初的傭人，恐怕是奴隸或農奴。後來的僕婢狀態，特別是統治階級的家庭中的僕婢狀態，很像古代希臘羅馬的家庭的奴隸的狀態。當然他們是被認爲劣等人，不過還是被當做一家的人員，被當做親近的人而受信賴，可以參與家庭的喜事，親密的會合，也大抵可以列席。從法律上講，奴隸所受的待遇是苛酷的，但是日常所受的待遇則是親切的，這一點是不必置疑的，因爲家族對於他們的期待，是絕對的忠實。過去的奴僕的狀態，其實例尙可見於今日殘存的風俗裏面。家族對於僕婢的權力，早已不存在於法律或事實上，但是昔日的關係的美風，如今還是繼續着，這是很有興趣的事情。現在家族對於傭人的幸福，是眞心考慮着的，其程度幾乎和對待貧窮的親戚一樣。從前提供僕婢給位高的家的家，和接受了僕婢的家，兩者的關係和家臣對大名(藩侯)的關係一樣，兩家之間便會成立忠順與親切的眞正的約束。僕婢的職務於是成爲父子相傳的東西，他們的孩子從小就熟於僕婢的任務。僕婢到了相當的年齡，即便允許結婚，服務的關係從此斷絕，但是忠順的關係並不消滅。結了婚的僕婢的孩子們，長大了便送到主人家裏做事，他們到了婚期也告假出去。貴族的家和家臣的家間，現在還保存着這樣的關係，數百年之間，父子相傳，代代服務，保存着這樣的美好的傳統與習慣。

在封建時代，主人與使用人間的關係，當然是很嚴格的，必要時傭人得將其生命爲主人或主人的家而犧牲。希臘羅馬的傭人也被要求着同樣的忠順——這是還沒有將勞役者陷入牛馬一樣的苦工以前的事情，其關係一半是宗教性的。只有克蘭治氏所述希臘或羅馬的僕婢可以參加祭祀的風俗，在古代日本好像沒有。可是仕於主君的僕婢，出自家臣的家族，因此其家族當然是屬於主君的氏族的祭祀的，所以主君與僕婢的關係多少有宗教性。

讀者看了本章所述的事實，可以了解個人怎樣成爲作爲宗教團體的家族的犧牲吧。在家庭中家長執行祭祀的制度上，上至家長下至僕婢，悉須同樣遵守義務的法則，並要求對風俗及傳統絕對服從。祖先的祭祀絕不承認個人的自由，無論男女誰都不能隨自己的意思生活。各人都須要服從規則而生活。個人在法律上也是不存在的。家族是社會的單位。連家長在法律上也不過作爲代表者而存在——對生者及死者雙方面負着責任。至於家長的公共的責任，並不是單由民法來決定的。他的責任還要由宗教上的約束，即由氏族或部族的祖先的祭祀的約束來決定的。這個禮拜祖先的公共形式，比家庭的宗教更要嚴重。

團體的祭祀

各人的家庭生活的一切行爲，受着一家的宗教的支配，和這一樣，一個家族對外的關係，則受着一村或一地方的宗教的支配。和家庭的宗教一樣，團體的宗教也是禮拜祖先的宗教。一家的神壇之於家族，猶卽神道的教區的神祠之於團體。在團體的宗教中，受人禮拜的守護神，是氏神，就是氏的祖神。氏神一語本來是和一族之名同時表示族長的家族卽gens的。

氏神與團體的本來的關係，有多少不明瞭的地方。據平田篤胤說，所謂氏神，是氏族的共同的祖先——卽第一個族長之靈。這個意見（雖有種種例外）大體得當。不過「一族的孩子」，卽所謂氏子（屬於神道教區之民，今尚作如是稱），最初是不是僅包含着氏族的祖先所出的子孫，還是包含着一氏所支配着的地方的全部居民，這一點倒不容易決定。現在日本各地方的守護神，決不能說代表着該地居民共同的祖宗。不過最邊鄙的某些地方，也許有例外。最初所謂氏神，與其說是共同的祖先之靈，不如說是各地古時統治者之靈，或作爲統治一地的家族的守護神，而受該地人民的禮拜，這樣想，似乎眞實一點。日本人的大部分，由有史以前的時代，卽在奴隸服役的狀態，這個狀態一直維持到比較的近代，此事有充分的證明。如果眞是這樣的話，屬下的階級，最初可以說並沒有自己的祭祀，他們的宗教恐怕就是主人的宗教吧。及至後代，家臣也參與主君的祭祀。不過關於日本的團體的祭祀的最初狀態，要想概括地加以記述，今日尚屬困難。因爲日本國民的歷史，不是只有一個血統的單純的氏族的歷史，而是起源各異，徐徐形成了族長社會的許多氏族羣的歷史。

然而據是可信賴的日本典據來想，氏神可以說是氏族的神，又雖則不一定是如此，通常被當作氏族的祖先而受祭祀。氏神之中，也有在有史時代產生的。例如軍神八幡——祭祀此神的教區的祠宇，幾乎所有大都市都有——祭的是應神天皇，是有名的源氏的守護神。這是氏神之中，氏族的神不是祖先的一例。不過實際上，氏神多半是氏的祖先。例如春日大明神，藤原家（氏）的血統卽發源於此神。有史以來，古日本有大小一千一百八十二個氏族，這些氏族又大概有同數的祭祀。今日被稱爲氏神的神祠——卽普通的神道的神祠——各祭一個特別的神，此外決不祭別的衆神。這是理所當然的。又在大鎭市裏，往往有好幾個祭着同一氏神的神道的祠宇，這是值得注意的。此事證明團體的祭祀由原來的地方遷移到別地方。因此出雲的春日神的禮拜者，也可以在大阪，京都，東京等地有他祭着自家的守護神的教區的神祠。九州的八幡神的禮拜者，像重肥後或豐後等地一樣，在武藏這地方也可以居於同一個神的保護之下。還有一件值得注意的事實，就是氏神的神祠，不一定是教區中最重要的神道祠宇。氏神是教區的神祠，對於團體的禮拜，固屬重要，但是往往爲了附近的祭祀更高的神的祠宇，而致黯然無光。例如出雲的杵築的出雲大神祠，並不是氏神，不是教區的神祠，該地氏神的祭祀，是在遠較該大神祠爲小的祠宇裏舉行的。……關於東高的祭祀，容當後述，現在只談有關團體生活的團體的祭祀。關於氏神禮拜在過去的影響，可以從今日神禮拜表現的社會狀態，推測許多事實出來。

日本幾乎村村都有氏神。以大鎭市爲中心的地方也有氏神。這守護神的禮拜由教區之民——氏子，卽守護神的全體子孫來維持着。這樣的教區的神祠，都有一定的祭日，那一天所有氏子都到祠堂裏來，事實上每家至少派一個人到氏神那裏。祭日有大祭日及普通的祭日。那一天並有遊行，音樂，跳舞等等安慰來人，而使那一天愉快的節目。近鄰地方的人民競相使他們的神祠的祭祀熱鬧愉快，各家按分捐點錢。

神道的祠宇，對於人民的團體生活固有密切的關係，同時對於各氏子的個人生活也有重要關係。生下來的孩子，無論是男是女，都被帶到氏神那裏——（男子在生後過三十一日後，女子則在三十三日後），置於神的保護之下，就算到過神的靈前，將名字登記下來。以後孩子們每逢節期又被帶到那裏。大祭日那天，當然要被帶去。那天有搭了棚賣玩具的，祠宇境內又有有趣的玩意兒廠，用着色的沙在地上畫畫的藝人，用甜飴揑做動物怪物之類的糖果商人，由這些玩弄技術的人及把式匠討那些小孩兒們的歡心。……後來小孩兒們長大了，會跑會跳了。神祠的庭園及樹林便成爲他們玩耍的地方。學校生活也不會將氏子和氏神扯離開來，除非家族永遠離開那個地方。去參拜神祠，以後仍舊作爲義務而繼續下去。長大成人結婚後，氏子還是跟他的妻或丈夫，有規則地去參拜他們的守護神。有兒子的又帶兒子去，以示忠順於神。要作長期旅行或要永久離開故鄉的時候，氏子便去參拜氏神及家族的祖墳告辭。離鄉日久，一日歸來，首先要去的地方就是神的跟前。我曾經屢次看見兵士在鄉下的寂寞的神祠前祈禱，甚爲感動。這些兵士是剛從朝鮮，中國，台灣等處回來的。他們回家後，首先想到的，是到自己孩子時候的神跟前去申謝。因爲他們相信，在戰時及惡疫流行的時候，救護了他們。

關於舊日本的地方風俗及法律的權威約翰·亨利·威克摩，說神道的祭祀與地方行政沒有多大關係。據他說，氏神是將上古時代某高貴家族的祖先祀爲神的，氏神的神祠就此一直守護着那個家族。神道的神官（司祭者）一職，是父子相傳的，如今亦然。這神官的血統，照理是由原先把那氏神拜做守護神的一族下來的。但是神道的神官，雖有多少例外，既不是法官也不是行政官。威克摩教授認爲這是「由於(註)祭祀本身之中沒有行政組織。」這說明是妥當的。不過神官雖未嘗有政治上的機能，但我認爲可以證明神道的神官具有法律以上的權力，如今亦然。神官對團體(社會)的關係是重要的，他們的權威雖然只限於宗教方面，但其權力是重而不可犯的。

註：神道的族長制度的曖昧不明，　此點斯賓賽的「社會學原理」第三卷第八章中恐怕說明得最好。斯賓賽在同章中又說明「宗教與政府本是同一」的事實。照這樣說，特殊的神道的政教

制度並沒有發達。

要了解這個事實，必須記憶神道的神官，代表着一地方的宗教的感情。各團體的社交規約就是宗教上的規約，——這就是祭祀地方的守護神。即一切團體的工作的成功，疾病的防禦，戰事主君的勝利，飢饉或惡疫流行的救助，祈禱這些事情的時候，都是向着氏神祈禱的。氏神都是爲人做好事的，——他是特別的幫助者，保護者。農民祈求秋收豐稔，或遇旱魃而祈雨，並不是向佛祈求的，豐收後感謝的對象也不是佛，——他們是向着當地古來的神祈求或感謝的。氏神的祭祀又是將團體(社會)的道德經驗具體化的，它表示着一切其所珍重的傳統與習慣，關於其行爲之無文律，及其義務之感。在這樣的社會裏，一個人在家中犯了倫理上的過失，便被認爲不敬於一家的祖先，同樣，如果破壞一村或一地方的習慣，便被認爲不敬於氏神。一家的繁榮，繫於固守孝道，所謂孝，就是服從一家的行爲的傳統的規則。同樣，團體的繁榮，也繫於固守祖先的習慣。這就是說，要服從那從少年時所有的人都被教過的地方的無文律。習慣被認爲就是道德。違反一地方所定的習慣，就是違反那地方的神。也就是危及公共的安甯。團體的存在會因其中一個分子的犯罪而瀕於危，故社會要各分子對其行爲負責任。任何行爲都要與氏子的傳統習慣一致。獨立的，例外的行動是公然的違法。

古時個人對社會(團體)的義務究竟如何，由此可以想像得到。個人對於自己，並沒有和三千年前希臘市民所具有的同樣的權利以上的權利——恐怕還不到這個程度。甚至於在今日，法律雖大有變化，個人則差不多和從前一樣。個人的自由行動的權利，連想也不許想。假使對日本人說甚麼自由行動的權利，他們定會認爲是回到禽獸狀態吧。在我們西歐人之間，是社會上對於普通人們的規定，主要規定甚麼是不應做的事情。不過在日本所謂不應做的事情，——其禁止範圍雖廣——比一般義務的一半還要少得多，反過來，去學習人該做的事情，遠較重要。……茲略述習慣在個人的自由上所加的限制。

首先要注意的，是團體的意志支持着一家的意志，——即要人守孝道。過了幼年時期的男孩子的行爲，也不由家族而由公共規定。男孩子固要服從自己的家，但他在家中的關係，則必須服從公共的意見。和孝道不兩立的大不遜行爲，會受所有的人的批評與叱責。等到孩子長大，會做事，會學習了，他的日日的行爲，也受監視與批評。等到一家的家法對他開始嚴格起來的年紀時，他同時又開始感覺到世間的意見的壓迫。到相當年紀要結婚了，但想隨便選妻，談也談不到，他要迎納人家給他選擇的配偶。不過有甚麼理由，嫌惡那個妻，他的意思被接受的時候，他還是要等他的家族給他選擇另一個人，社會對於這樣的事情，不許不服從。假如一度開了違反孝道的例，這事便會成爲非常危險的前例。青年終於成爲一家之長，對一家的行爲負起責任的時候，這個主人還是爲公共的意見所左右，關於治家的方針，要接受公共的忠告。例如一家的主人習慣上要扶助他的親族，和親族發生糾紛的時候，要接受人家的仲裁。主人不能單爲自己的妻子着想，這種事情會被認爲不可寬容的利己心。他至少要在外表上，關於公共的行爲，表示不爲父子或夫婦的愛情所動心。假定他後來做了一村或一地方的首腦，其行動及判斷的權利，還是被置於和以前一樣的限制下。事實上，他的個人自由的範圍，隨着社會地位的提高而減少。名義上，他是做頭腦而統治的，但是實際上，他的權威是從社會借來的，所以他的權威只在社會許他的時間內在他的手裏。因爲他是爲執行公共的意志而被選，並不是爲執行自己的意志而被放在上面，——不是爲了自己的利益，而是爲了社會共同的利益，爲了維持習慣，使之堅固，決不是爲了破壞習慣而被選的。因此他雖被推爲首腦，其實他是公共的僕人，是在故鄉最沒有自由的一個人。

威克摩教授在他的「舊日本之土地所有權及地方制度」(Notes on Land Tenure and Institutions in old Japan)一書中譯出公表的許多文書，臚列德川時代地方社會生活的規則，頗爲周詳。其規則之多數，當然是位高的權威者所定的，不過其大部分表示着昔時地方的習慣。這種文書叫組帳（Kumi-enactments)(註)。組帳中定有一村團體的全部人員應遵守的行爲的規則。因此組帳在社會上的利益是非常的大。據我個人的研究，知道日本各地方還有酷似這組帳中所列的規則，由一村的習慣而勵行着。茲由威克摩教授的翻譯中，臚舉二三例於下：

註：一直到封建時代之末，不問大都市與村落，行政上由幾個家族或數戶分爲一個單位，叫做組（類似中國的保甲制度，譯者註）。一組普通由五家而成，也有六戶至十戶爲一組的。各組由戶主選舉組長，爲組中所有分子的代表。組的組織的起源及歷史，不明。中國及朝鮮也有同樣的組織（威克摩教授以爲日本的組的組織，或起源於軍事上的需要，這個理由是値得心服的）。這個組織在行政上頗爲適宜。對上面的權威負責任者，不是一個家，而是由組當其責任之衝。

「組中一人，設不厚於雙親，視兩親如無睹，或不服從其命令時，吾等不加以隱匿，不予容赦而報告之。」

「吾等求兒女尊敬雙親，夫婦兄弟姊妹和睦，僕婢服從主人，幼者敬於長者……各組（由五家而成）注意各成員之行狀，勿使有非行。」

「無論農商工人，組中任何一人怠惰不勤於事務，即由番頭（居要職者）注意之，忠告之，指導之，以矯其行。倘不納忠告，悖戾恚怒，即告諸村中長老……」

「好爭鬥，或出外嬉遊，夜深流連忘返，而不納勸告者，投訴之。他組有怠於此事者，代之投訴，亦吾等之義務也……」

「與他族相爭，不納忠告，或背兩親之言，或不厚於同村之人者，皆訴諸村吏……」

「禁止舞踏，摔角，及其他供人觀覽者，娼妓不得留宿村中。」

「人人不得相爭，有爭事，應申明情由，無申告時，雙方同樣受罰……。」

「口詈他人，或於大庭廣衆之間傳言他人爲惡人者，其事縱屬確實，應禁止之。」

「人有孝行或忠於主人，雖理所當然，然誠實謹直之過於人者，應報告之，俾推薦於政府……」

「組中同人，應篤於友誼，甚於親族之交，增進相互之幸福，分擔相互之憂戚，組中倘有非法不道者，吾等皆應分負其責任。（註）」

註：「舊時日本之土地所有權及地方制度」（「日本亞細亞協會」第十九卷第一部所載論文。）

筆者由各種組帳中，選出以上各條，適宜排列，以便說明。

以上所舉，僅屬道德上的規約，至於道德以外的義務，也有詳細的規約，例如：

「失火時，各人皆應手提水桶，速赴該處，在有司指揮之下努力救火……不赴者，應受處罰。」

「他鄉之人，欲投居此地者，應詢明出身何村，並令該人提交保證。……旅客不得住宿其所定旅舍以外之家，雖一夜亦勿許。」

「通知盜賊夜襲，應敲梵鐘，或以其他方法爲之。聞報者，皆須追覓盜犯，拏獲始已。故意規避者，查究而後罰之。」

由這組帳可知任何人，不得許可，一夜也不可離村他宿，或往別處工作，或到他鄉結婚，或定居他處。處罰是嚴重的——普通的懲罰，是可怕的笞刑，由高級官吏執行。現在倒沒有這樣的刑罰，法律上各人可以隨意到別的地方。不過事實上，無論到甚麼地方，不能任意行動。因爲舊習慣及團體的感情依舊殘留，所以個人的自由還是非常受着限制。有人說，在地方的團體裏，各人都有自由利用空閒時間的權利，這話是不對的。任何人都不能將自己的時間，金錢或勞力，認爲完全是自己的，甚至於自己靈魂所寄的肉體，也不能認爲是自己的。一個人在社會生活的權利，完全放在他要爲社會而服務的意志上，需要他的援助或同情時，任何人都有向他要求的特權。「各人的家是他的城郊」，這句話不能適用於日本——高級的主權者，當然是例外。普通的人對於世間上的人們，不能閉其戶而不納。各人的家，對於來訪者是要公開的。日中閉戶不開，是侮辱社會，——生病也不成爲口實。只有地位極高的人有不與他人接近的權利。有人違背了他所寄生的社會的意志——特別是那個社會是在鄉下的話——事情就大了。社會一旦發怒，宅就會成爲一體而行動。社會由一千或數千個人而成，但這許多人的意思，成爲只像是一個人的意思。只爲了一個重大的過失，一個人突然對社會共通的意志，獨自被放在反對者的立場，——他孤立起來，遭遇極有效的絕交。沈默與柔和的敵意，要使他忍受更可怕的處罰。這是處罰違習慣者的普通方法，絕少加以暴行，要加以暴行的話（非常的情形，當然例外，此事容當後述），這並不當做過失的報應，而只當做矯正的方法。也有粗野的團體，遇有危及人命的過失，即罰以體刑，但這並不是由於公憤，而是由於傳統的理由。我曾經在一個漁村，目睹這種懲罰。衆漁夫正在激浪之中殺金槍魚，這是非常危險的工作。衆人正起勁工作的時候，一個漁夫偶一不愼，將殺魚的器具，敲進一個少年的頭裏。大家都知道這完全是過失，不過這過失是危及人命的，因此不由分說，即對那人實施制裁，打得死去活來，等到昏過去了，便從浪裏拖出來，丟在沙灘上，一直到他醒過來，沒人理睬。在這期間，無人爲他說話，殺魚的工作，照舊進行。聽說年輕的漁夫，如果犯了危及一船的過失，便會給同船夥伴施以暴行。不過上面已經說過，受這樣的處罰，是只爲做了不當心的事情。絕交的處罰，比暴行還要可怕。不過還有比絕交更可怕的刑罰，就是數年或終生的逐放。

在從前封建時代，逐放無疑是重大的懲罰，在維新後，也是一樣。從前因社會團體的意志被逐出故鄉的人——給他的家，他的氏族，他的職業放棄的人——，就會遭遇絕對的困苦。跑到別的團體，如果沒有親戚的話，就沒有收容他的地方。即使有親戚，如果要收容他，必須先向當地官署和他的故鄉的官吏商量。他鄉人，不得官署的許可，便不能定居在故鄉以外的地方。以親戚爲理由，留宿他鄉人而受罰的事情，尙有舊文獻可稽。被逐放的人，旣丟了家，又丟了朋友。他也許是有一藝之長的工人，但是執行業務的權利，如果不得到在他所到的地方代表着他的職業的職業團體的承認，便算沒有，但是被逐放的人，職業團體也不肯收容他。他也許想做人家的傭人，但是他逃到的團體，即使有雇主，他有沒有雇用這個亡命者兼他鄉人的權利，首先要發生疑問。他的宗敎一點不能幫他的忙。團體生活的法規，不是依佛教而定，而是依神道的倫理來定的。因爲是他的故鄉的諸神把他放棄的，其他地方的神們和他的祭祀又沒有任何關係，因此宗敎對他毫無幫助。還有，亡命者這個事實，也證明他一定對祭祀犯過罪。總而言之，他鄉人在陌生地方的人們中間，是得不到同情的。在今日，從別地方迎妻回來，也被本地輿論認爲壞事(在封建時代是被禁止的)，輿論還是希望各人在出生之地生活，工作，結婚，——有時候得到故鄉的公開的承認，也可以跑到別的團體。在封建制度之下，究竟得不到他鄉人的同情，因此說到逐放，就可以聯想到飢餓，孤獨，以及難以言喻的困苦。因爲當時個人的法律上的存在，在他的家族和團體以外，可以說完全沒有。因爲各人都爲家而生活，爲家而工作，家又爲氏族而存立的緣故，除了家和許多家互相關聯的集合以外，並沒有可以活下去的生活。

我們現在想像不出這樣的逐放狀態。如果要求西洋的同樣的例，便得回到羅馬帝國以前的古希臘羅馬時代。當時所謂逐放，就是宗教上的破門，實際上，就是逐出文明社會之外，——當時尚無人類同胞的思想，除了要求血族的同情以外，別無可以要求同情的地方。他鄉人到處是敵人。和古希臘都會的情形一樣，在日本，守護神的宗教，也是團體的宗教，團體的祭祀，它連一地方的宗教也做不到。另一方面，高等的祭祀，沒有和個人發生關係，個人的宗教，也僅僅是一家，一村，或一地方的宗教，因此他家或他地方的祭祀，完全是別個東西，要屬於別的祭祀，除了被迎入那個地方以外，別無他法，但是容納他鄉人一事，照例是沒有的。如果沒有家或氏族的祭祀，個人無論在道德上，社會上，都等於死人，因爲別家的祭祀和氏族，都排斥這樣的人。一個人被規定個人生活的家族的祭祀遺棄，又被規定對社會生活的地方祭祀排除的時候，這個人在人類社會的關係上，可以說完全喪失了他的存在。

由以上的事實，可以想像在過去，個人發展自己，主張自己的機會，是極少極少。個人可憐完全爲社會而犧牲。就在今日，日本人居住的地方的唯一安全的路，是無論甚麼事都依循當地習慣去做，稍微越出了規則，便會受到嫌惡的眼光。甚麼祕密也沒有，甚麼事也不能隱瞞，各人的美德也好，壞事也好，都會給人家知道。因此不平常的行爲，會被判斷爲從傳統上的標準脫離了的行爲，一切異樣的事情，會被責難爲違反習慣。這個傳統與習慣，尚具有可以說是宗教義務的力量。事實上，傳統和習慣，從起源來說，也是宗教性的，義務性的，又因爲是和有禮拜過去的意義的公共祭祀有關係的緣故。

由此可以容易了解神道沒有道德上的成文律的理由，也可以了解道德的法規斷定爲不必要的理由吧。在祖先禮拜所代表的宗教發達的階段上，宗教和道德既無區別，道德和習慣，也沒有區別。宗教和政治（政府）是同一個東西，習慣和法律也是一樣。神道的倫理完全包含在服從習慣一事之中。一家的傳統的規則。團體的傳統的法律，這就是神道的道德。服從它就是宗教，不服從就是不信心……，又不問其爲成文與否，凡是宗教性法規的眞義，總之在於社會義務的表明，關於善惡行爲的教義，以及道德體驗的具體化等等。實際上，如在英國那樣的近代的理想行爲。和古希臘日本那樣的理想的族長制度間的差異，精查一下，便可以知道只在於將舊思想詳細擴張到個人生活的細目這一點上。神道的宗教，實在沒有需要成文命令，它只靠教訓或實例，自幼小時代教給各人，只要有普通的知識，甚麼人都能了解它。宗教既然認爲越出規則外的行爲。對衆人有危險，那末法規這樣東西，當然不需要了。例如西洋的高度的社會生活，即排他性的文化生活的人們的行爲，決不是單靠十誡來支配的，因此，事實上我們也沒有關於行爲的成文法規。人在自己的社會，應該做甚麼？怎樣做？關於這樣的問題的知識，是靠訓練，靠經驗，靠觀察，靠直覺事物的道理而得的。

神道的神官，是代表着團體的感情的人，讓我們現在回到他的權威的問題吧——我相信這個權威過去是非常偉大的。團體對犯過的人所施的懲罰，是拿守護神的名來施的，這個事情的顯著的證據，我們只要看社會的憎惡的表現，現在在許多地方仍舊採取宗教性質這個事實，便可以明白。我看過這種表現，而且相信各地現在大抵還有這種表現。這個舊習慣最顯明地殘留着的地方，是現在還殘留着古時的傳統，而且沒有多大變化的邊鄙的鄉鎭，或寂寞的村落。在這樣的地方，每個居民的行爲，給人家精細地注視着，而且會給人家嚴格地批判。但是在地方的神道大祭（每年舉行的守護神的大祭）以前，人們對於細小的過犯，差不多甚麼也不開口。但是到了那天（祭日），社會便會給與警戒，或加以處罰，這是對至少違背了地方道德的行爲，是要這樣的。人們以爲神會利用這個祭日的機會，來看氏子的住宅，於是可以移動的神殿（神輿），便被擡過主要街道。這神殿是由三四十個人來擡的重東西。擡它的人，是順從神的意志而行動的。他們認爲他們擡着走的方向，是神叫他們走的。這樣的遊行，我在某海岸的村落裏，看過好幾次。現在讓我來記述一下。

在遊行的前頭，有一羣年輕男人，連奔帶跳，描成環形，瘋狂地跳着進行，這些年輕人是來將道路弄清淨的。走近他們，很危險，因爲他們發狂似地兜着圈子前進……。我第一次看見這跳躍的一羣人時，彷彿在看着古時狄俄尼索斯的饗宴，——他們的激烈的旋轉運動，的確實現了希臘古代神聖狂熱的記事。說實在的話，希臘式的頭是看不見的，但是除了圍下身的布帶和草鞋以外，渾身裸露，青銅色的肌肉，極有彫刻之美，姿態頗爲美觀，若要彫刻跳躍着的牧羊神的水盤，可以拿他們來構思。在這一羣給神附麗着的跳躍者——他們是在前頭將羣衆向左右驅散，拂清道路的，——後面，有少年女司祭，穿白衣，戴假面，騎馬而來。少女後面，有幾個司祭，穿白衣，戴着威風凜凜的高而黑的帽子，也騎馬而來。背後，就是又大又重的神殿（神輿），在擡它的人們頭上，活像給暴風播弄的船一樣，搖動而來。一忽兒好幾條肌肉健壯的手，把它推到右面，一忽兒又有許多手把它一樣地推回左面，向前向後，也猛烈的推，猛烈地拉，高聲呼喊，振耳欲聾。這個時候，根據從極古時代傳來的習慣，家家二樓的窗戶，都緊緊關閉着，有誰學偷看哥泰法（註）從壁縫裏向下面看神，給人發見了如此不敬的行爲，那個人就糟了……。

譯註：是某地領主的妻。曾為領民向夫懇求減稅。領主回答：如果她肯白晝裸身騎馬繞市一週，就答應她的請求。她立刻去實行，達到了目的。那個時候，所有市民，互相約要把所有窗門關起來，統統躲在屋裏，只有一個裁縫，給人瞧見他從牆縫裏偷看，便受市民制裁，雙目失明。

如我所說，擔神輿的人們，以爲他們是依神的靈而行動的，——（神道的神，有種種性情，所以他們大概是依粗烈的靈而行動着的吧）所以把它前推後拉，左右搖擺，是表示神在檢查前後左右的家的意思。神在查看信男信女的心，是不是眞的純正，又在決定有沒有給與警告，或施以懲罰的必要。擔的人，只要神叫他們到甚麼地方去，他們就帶神到甚麼地方去，——必要時衝過堅固牆壁也要去。因此，倘若神輿撞上了一家，就表示神對那家生着氣。只碰一碰門口的簾子，也是一樣。如果神輿撞壞了家的一部分，那就是重大的警告了。神有時要跑到家裏面，破壞攔住他的一切東西也不管。這個時候，那一家的人，統統要從後門口逃出去，否則很糟，強暴的遊行，高聲如雷地闖進屋子裏，將家中一切東西破碎，撞裂，毀壞，壓扁，一直到神答應回到那條路上的原位置爲止。

我曾經看過兩處被破壞的地方。詢問理由，才知這兩處侵入，由團體的見解來說，在道德上都應該認爲是正當的。第一家，曾經發生過欺騙事件，第二家，沒有救助溺死者的遺族。第一個犯罪是法律上的，第二個是道德上的犯罪。鄉村社會，除非是放火，殺人，盜竊等重大的犯罪，不將犯罪者交給警察。鄉村是怕法律的，只要有別的方法，決不訴諸法律。這是古代的規約，封建政府曾經獎勵維持這種習慣。守護神一旦發怒，便主張處罰或排斥這個犯罪者，這樣一來，依封建的習慣，要犯罪者的全家族來負責任。被害者，若有這樣的心思，可以訴諸新的法律。可以將破壞了他的家人的，拖到法庭，要求賠償，因爲近代的警察，並不爲神道所左右。但除非是十分不懂事的人，不會爲了團體的制裁，訴諸法律。因爲這樣的行動，本身就被當做習慣的重大破壞，而受非難。商談的結果，如果證明是寃枉，那末團體隨時肯下公平的判斷。受了制裁的人，若想訴諸不依宗教的法律，以圖報仇，那末同時也會想到將自已和自已的家族的家，及早搬到遠遠的地方，才是上策。

在舊日本，個人生活是放在二種宗教性支配之下的，這我們已經曉得了。一切個人的行動，給由一家或社會的祭祀而來的傳統所規定，這種狀態，開始於一定的文化成立的時候。我們又知道了團體的宗教，使人服從家的宗教。這個事實，只要記住這兩種祭祀（團體和家族的）的基本思想，——即生者的幸福，靠着死人的幸福的思想——是同一的，便決不會覺得希奇了。人們相信漠視家族的祭祀，會使靈發生惡意，而靈的惡意，會招致公共的不幸。祖先的靈，自配着自然，——火災，洪水，疫病，飢饉等，是亡靈可以自由使用的報復手段。因此村中一個不虔敬的行爲，也許會使全村遭遇不幸。所以一個社會（團體或一地方），關於各家庭維持孝道一事，認爲對死者負有責任。

神道的發達

斯賓賽認爲衆人所崇拜的偉大的諸神——作爲天地的創造者，或作爲地、水、火、風等宇宙的原素，而在民衆的想像中描畫出來的諸神——代表着後來成爲祖先禮拜的神。此說爲今日一般人所公認。在原始社會尙未有任何重要階級區別發達的時代，衆先祖之靈被認爲是差不多一樣的，後來隨社會本身的發達，才區分爲大小各樣的種類。結果，對於某一個祖先之靈或某一團之靈的禮拜，勝過了其他所有的禮拜，於是發展了最高的神或幾個最高的神羣。不過祭祖的分裂，是採取各種方向的，我們必須這樣理解。父子相傳從事於同一職業的家族的特別的祖先，也會發達而爲主宰該職業的守護神，——即成爲職業及組合的保護神。依種種聯想的過程，也會有力與健康，長壽與特殊產物，以及特殊地方的種種的神的禮拜，從其他祖先的祭祀發展而來。關於日本起源的神，如果現有的知識能更進一步，也許可以明白今日在日本鄉村被禮拜的衆山守護神，其中多數本來是大陸方面的工匠的守護神。不過我以爲日本的神話全體，並沒有十分越出進化法則的例外。事實上，神道是表示神話性的祭政關係的，其發達可以從進化的法則充分加以說明。

凡神之外，尙有無數優等與劣等之神。也有徒有其名的原始諸神——這是在混沌時代浮上衆人腦海的幻影。也有造成土地形態的創造天地之神。有天地之神，也有日月之神。主宰人生善惡一切事物的神，也不可勝數，——有誕生、結婚、死亡、貧富、健康、疾病、……等之神。一切這樣的神話，如果假定它是從僅屬於日本的古代祭祖發達而來，未免有點牽强。寧可這樣說，這種神話的發展，大概是在亞洲大陸開始的。不過國民祭祀的發展——成爲國家的宗教的神道及其形式——嚴格地說，是日本的。這個祭祀，是代代天皇對於其血統所屬的諸神的禮拜，——即「皇室祖先」的禮拜。

我們認爲日本的祖先禮拜的發達過程，和阿利安民族的祖先禮拜的發達過程有着同樣的階梯。我們可以假定，當初日本人種從大陸渡來到現在的島國時，帶來了祖先禮拜的粗略的形式。這個形式，大概不過是在死者的墓前舉行的儀式及祭品。後來國土爲許多氏族——這些氏族各有各的祖先祭祀——所分割，所有屬於一個氏族的一地方的人，便加入該氏族的祖先的宗教中，於是成立了幾千個氏神的祭祀。後來受大陸的影響，在家中禮拜祖先的形式，代替原始的家族祭祀而成立。從此供給祭品與祈禱，都在家庭中按時舉行，在家庭中，祖先的神牌就代表了家族的死者的墳墓。不過現在在特別的場合，也在墓地進薦祭品。而三種神道祭祀的形式，和佛教傳來後的後代的形式一齊存在在現在，這形式又支配着今日國民的生活。

一切神道的傳說，成爲一個神話的歷史，而由同一個傳說的基礎來說明。全神話包含在兩本書裏面。這兩本書都有英譯本。最古的一本叫「古事記」，在西曆七一二年時編成。另一本叫「日本紀」，較前書爲厚，大概在西曆七二〇年時編成。兩書都稱爲歷史，但大部分是神話，兩書都從創造天地的故事開始。據說兩書都是受天皇之命，根據口傳編成。又據說還有一部在七世紀時著作的更舊的書，但湮滅不傳。因此現傳的兩部書，不能說是怎樣古的書，但兩書都載有極古的傳說——大概幾千年之古的。「古事紀」據說由記性極強的老人口授而寫成。神道學者平田，認爲這樣傳下來的傳說，是特別可靠的。他說：「遜記憶而傳給我們的，這樣舊的傳說，特因其爲記憶所傳，反而遠較文書記錄爲詳細。而且在未有託文字記憶的習慣的時代，人的記憶力一定遠較今日爲强，觀今日目不識丁者，凡事訴諸記憶，亦可爲此事證。」吾人對平田確信口碑不變，不禁微笑。不過我相信民俗學者在舊神話的特質中，容易發見其爲極舊的東西的證據。兩書受有中國的感化，但其中某一部分，據我的想像，有中國書籍所沒有的特殊性質——有其他神話文學所沒有的原始的素朴的趣味，怪異的趣味。例如世界的創造者伊邪那岐命，爲叫回死了的配偶（伊邪那美命）而赴黃泉的一段故事，我們認爲是純粹日本的神話。其故事的古樸，凡是研究該書的逐字譯的人，一定會感覺到的。我現在據各種譯文（關於這各種譯文，參照阿斯頓的「日本紀」的翻譯第一卷），將這傳說的大意記在下面。

火神迦具土生時，其母伊邪那美命爲火所傷，毀容而亡。伊邪那歧命怒曰：「豈可爲一子而喪吾愛妹。」命乃匍匐於其妹（伊邪那美命）之頭，又匍匐於其足，悲泣甚哀，淚滴而爲神……後來伊邪那歧命逐伊邪那美命之後，赴亡者之國黃泉。伊邪那美，丰采如生時，歛帳下堂來晤，二人遂相與語。伊邪那歧命曰：「可愛年輕之妹！吾爲汝悲故來。可愛年輕之妹！吾與共創之國，迄未完成，盍偕來歸，以竟斯業。」伊邪那美命答曰：「吾所爲敬之君乎！惜矣，君來稍遲！妾今就食於黃泉之竈。然可愛之君乎！妾爲君來特喜，願偕君同歸生命之世界。今妾往晤黃泉諸神，與議此事。君其待於此，勿來見妾！」。語訖，遂去。及稍遲不歸，伊邪那歧命等候甚急，拔其左髮木梳，折其一齒燃之，往覓其妹。及見，伊邪那美命全身腫爛臥蛆中，八雷神坐其上……伊邪那歧命見狀大駭。伊邪那美命起立而呼曰：「君辱妾矣！奚不守妾言？……君既見妾裸身，妾亦須睹君此形。」語訖，命黃泉醜女，往追伊邪那歧命，欲殺之。八雷神亦追命。伊邪那美命亦追之……。伊邪那歧命拔劍，且揮且走。衆追之急。命取黑鬘擲之，鬘變而爲葡萄，醜女拾而食之，命乘間急逸。衆仍緊追不舍，命乃拔梳擲之，梳變而爲筍，衆醜女拾取貪食，命乘隙逃抵黃泉之口，舉千鈞之石塞之。命乃立岩後議仳離。伊邪那美命立岩後呼曰：「愛妾之命乎！君若爲此，妾將日日絞殺汝千人。」伊邪那歧命答曰：「吾所愛之年輕之妹！汝若爲此，吾將日日生子千人……。」斯時，括姬之命前來，與伊邪那美命若有所語，伊邪那美命頷之，倏忽不知所往……。

這神話的可驚的素朴之點，我未能表現出來，但那悲哀與惡夢般的恐怖不可思議地混合着的地方，十分够表現其原始的性質。那實在是人常見的夢——自己所愛的人，變成可怕的樣子的惡夢，表示一切原始的祖先禮拜關於死及死人的恐怖，在這一點上，有特別的興趣。這神話的哀愁與可怖，無限怪奇的空想，在極度憎惡及恐怖時仍舊不忘有禮的恩愛的話——我們確實感覺得到這都是日本的。「古事記」和「日本紀」中，還有許多和上述故事差不多同樣顯著的神話。這些都和明朗的溫情的傳說混在一起，甚至於使我們感覺到這些並不是同一人種想像出來的東西。例如「日本紀」第二卷中魔石，到龍宮去的故事，都有印度神話的風味。「古事記」和「日本紀」裏面，是有好像是外來的神話。總之，講神話的幾章裏面，有若干須要解決的新問題。除此以外，這兩本書都能助我們了解古代的習慣與信仰，但其他諸點並不怎樣有趣，概括來說，日本的神話是沒有趣味的。不過這裏並不須要來談神話的問題。因爲宅和神道的關係，可以拿極簡短的一章來總括——太古之初，既無力，亦無形，世界是沒有一定的形態的一塊東西，像水母一樣浮在水上。後來不知道怎樣，天和地分開來，有朦朧的諸神出現，而又消滅。最後出來了男性的神和女性的神，生出萬物，賦與形態。由這兩位神，伊邪那歧命和伊邪那美命生出日本的島，以及種種的神和日月的神。這些創造的神們，以及他們所創造的神們的子孫，就是神道所禮拜的八百萬（或八千萬）個神。這些神有的到高天原去，有的留在地上，成爲日本人種的祖先。

這就是「古事記」和「日本紀」的神話，寫得十分簡潔。最初好像認爲有兩種神，就是天的神和地的神。神道的祝文，就表示這個區別。不過這神話的天神，不一定代表自然現象，而認爲實際上就是天的現象的神，却與地神同列——因爲「生」在地上——這是很妙的事實。例如說日月是在日本生的——後來才舉到天上。太陽的女神天照大神是從伊邪那岐命的左眼生出來，月神月讀命是從伊邪那歧命的右眼生出來。這兩個神是伊邪那歧命從黃泉回來在筑紫的島的河口洗身時生出來的。十八世紀和十九世紀的神道學者，除了他們偶然生出這一點以外，一概否定天神與地神的區別，而在這混沌的空想裏面，建立了多少秩序。他們神道學者又否定了自古有的神代和人代的區別。依他們說，日本的最初的統治者是神，但後代的統治者也是神。整個皇統，所謂太陽的苗裔，是從太陽的女神連綿傳下來的一個血統。平田這樣說：「神代與人代之間，然任何確切的分界綫「日本紀」中那樣的區別，一點也沒有正當的理由。」這話裏面含有一個教理，就是說日本全民族是神的血統。因爲根據舊神話，最初的日本人都是神的子孫。平田大膽地採取了這個教理。據平田斷言，所有的日本人的起源在於神，因此日本人優於所有其他各國的人。平田甚至於說，要證明日本人屬於神的血統，很容易。他說：「隨瓊瓊杵之尊（太陽女神的孫，皇室的建立者）而去的神們的子孫——以及代代天皇的子孫，賜姓平、源等降居臣位的人——逐漸繁衍。日本人的多數，究竟從怎樣的神傳下來，不能確實知道，但他們都有部族的名，這是天皇所賜的。專門研究宗譜的人，能從人的普通的姓，知道這個人的極遠的祖先是誰。」這樣來說，所有的日本人是神，其國當然是神的國——因此叫神國。我們是不是應該把平田的話完全照文字理解呢？我以爲應該這樣理解。平田給與日本人以神性，這事從人的道德性及體格的虛弱來看，應該認爲是甚麼意思呢？在這問題之中，關於道德方面，可以拿神道的邪惡之神來說明。這個神據說是「從伊邪那歧命到黃泉時，身上所沾的汚穢發生的。」關於人的體格上的虛弱，可以拿皇室的神聖的建立者瓊瓊杵命的傳說來說明。當時長命的女神岩長姬命被送給瓊瓊杵命做妻，不料他見姬面貌不揚，便拒絕了，這個不明，招致了「人的現在這樣的短命。」大抵的神話，都說當初的族長即統治者是非常長壽的　越是追溯神話的歷史，主權者的生命越是長。日本的神話也不在例外。瓊瓊杵命之子，在高千穗之宮活了五百八十年。「但比起他以前的人這個壽命還是短的」，平田這樣說。後來人的體力漸衰，生命漸短。不過雖然在所有點上墮落了，日本人還有着可以證明爲神的子孫的形跡。日本人死後進入更高的神性，但並不完全拋棄這個現世……這就是平田的意見。由關於日本人的起源的神道的學說來講，這樣賦與人性以神性，似乎有所矛盾，其實不然。近代的神道學者，將一切起源歸於太陽，但在這教義裏面，將會發見科學眞理的萌芽吧。

在日本的文學家中，平田最能使我們了解神道神話中的祭政制度。他能使我們了解和日本社會的舊秩序一致的祭政關係，很能滿足我們的期待。社會的最下層，有只在家家的神壇或墓地被禮拜的一般民衆的靈。其上有同一氏族的神即氏神。這是今日當做守護之神而被禮拜的古時統治者的靈。平田說，一切氏神由出雲的大神——大國主神——來支配，而「氏神都代表大神統治衆人的生前、生後及死後的命運。」這是說，普通的亡靈，在生人所看不見的世界，服從氏族的神即守護之神的命定，生時團體中的禮拜，仍舊維持下去。下面幾句話引自平田的文章，頗饒興趣。這幾句話不獨表示個人與氏神間的關係，又談到一個人離鄉背井，會怎樣受到世人的非難——

「人要遷居他鄉時，這個人最初的氏神，必須和遷居地的氏神訂立協定。這樣的時候，必須先和舊神告別，來到新的地方，必須儘早到新神的祠宇參拜。一個人更換居住的地方，表面的理由，自然不少（註）」「不過實際的理由，是因爲這個人觸怒了氏神，因而被逐，或者是別地方的氏神來交涉，要使他遷居……」

這樣講，那末各人在生存中以及死後，都是氏神的臣下或僕人。

這些氏族的神，本來有種種階級，恰如統治者與領主有種種階級一樣。在普通的氏神上面，有在各地方主要神道神社被禮拜的諸神，這些神的神社，叫做「一之宮」卽第一級的神社。這些神從前大挂是統治比較大的地方的諸侯的靈。但不一定完全是這樣。其中也有地、水、火、風等原素和風、火、海等之力的神，以及長壽、命運、收穫等的神——這些神的眞正的歷史，已被遺忘，但也有本來大概是氏族的神的諸神。但在一切其他神道的神的上面，有皇室祭祀的諸神，卽天皇的祖先。

註：沙多的譯文。

舊日本的生者之神，當然是御門（天皇）——神的權化，現人神，而其宮殿是國家的最神聖的地方。宮殿內有賢所，卽宮中擧行禮拜，祭祀皇祖的地方，——和這同樣的祭祀的公式，也在伊勢擧行。但皇室以勅使（現在也是這樣擧行禮拜）在杵築，伊勢兩地擧行禮拜，在各處神聖場所，也同樣擧行。以前多數或一部神祠由宮內省維持。重要神祠又分類爲大祠小祠。其中屬一等者有三百四十祠，屬二等者有二千八百二十八祠。但神祠多數不包含於這分類之中，而由地方來維持。神道神祠之載於記錄者，全數今日超過十九萬五千。

因此——出雲的大國主神的大祭祀不數在內——祖先禮拜有四階級，卽家族的宗教，氏神的宗教，各地方主要神祠的禮拜，以及伊勢的國家的祭祀。這些祭祀現在已在傳統上結合起來，熱心的神道家，將所有的神混在一起，在每朝祈禱中禮拜。這樣的神道家，時時又去參拜該地方的主要神，如屬可能，還到伊勢去巡拜。凡屬日本人，一生總要到伊勢的神宮去參拜一次，自己不去，便要派代表去。當然，住在遠地的人，不能個個都去參拜，不過無論那一個村，沒有不在某一期間內派人到杵築或伊勢去巡拜的。其代表的費用，由各該地方捐款籌集。再進一步，日本人都能在自己家內禮拜神道的崇高的諸神。卽在家內神壇上，置有保證神的守護的木牌。這是從伊勢或杵築的神殿得來的護符。

伊勢的祭祀舉行時，這木牌就用神聖的神殿本身的木材做成。原來那神殿依古來的習慣，每二十年翻造一次，拆壞的建築物的木材，就切成木牌，分布於全國。

還有一種祖先禮拜的發達——主宰諸藝及諸職的神們的祭祀——也特別值得研究。不幸關於這個問題，我們知道的地方很少。在古代，這個禮拜一定比現在更正確地被規定而被舉行。職業是父子相傳的，工人結合成同業公會——這也許不妨稱爲階級。各公會或階級，大概各有其守護之神。職業之神有的大概是日本的職業的祖先，有的也許是大陸的——這是帶職業來到日本的移居的工匠的祖先諸神。關於這些事情，我們知道的不多。不過職業公會，卽使不是全部，至少其大部分在某一個時代，是帶有宗教的組織，其徒弟不是單純地被接入職業之中，同時還要祭祀其神。公會有紡織匠，陶器工，木匠，弓矢製造者，鐵匠，造船匠等工匠的公會，這些公會在過去有宗教的組織，只要看某種職業現在也有宗教性質的事實，也可以想得到。例如木匠現在也依從神道的傳統而造房子，他們等工作達到某種程度，就穿上神官的衣服，舉行儀式，而行祈禱，於是將新房子置於神們保護之下。就中冶刀的職業，自古是職業中最神聖的。刀匠穿着神官的衣服做工，製造優良的刀身期間，是要舉行神道的齋戒儀式的。這個時候，鍊刀場之前掛着神聖的繩子，這是神道的最古的象徵。此時家族中誰都不能進去和刀匠談話，而刀匠本人除了用聖火烹煮的食物以外，甚麼都不吃。

不過十九萬五千個神祠之數，較氏族的祭祀或職業公會的祭祀，或國家的祭祀等的數爲多，其中大多數是獻給同一個神的不同的靈，據神道說，無論是人的靈或神的靈，都分爲幾種的靈，各靈都有不同的性質。這種分開的靈，叫做「分靈」。例如食物的女神豐受姬神的靈，分離而爲樹木之神久久能智神和草的女神鹿屋野比賣神。神（註）與人，都有粗暴的靈和溫和的靈。因此平田說大國主神的粗暴的靈祀於某神祠，其溫和之靈則祀於另一神祠……。我們又須記住氏神的祠，許多是獻給同一個神的。一方面雖然像這樣重複，增加，但另一方面在主要的神祠裏，又一起祀有許多不同的神，因此可以兩相抵銷。所以神道的神祠之數，不一定表示被禮拜的衆神的實數，也不一定表示其祭祀的種類。「古事記」或「日本紀」中所載的神，總在一個地方有他的祠。其他數百個神——後代的許多祭祀也加在內——也都有他們的神祠。例如許多神祠祀着歷史上的人物——偉大的大臣、將軍、君主、學者、勇士、以及政治家的靈。例如神功皇后的有名的大臣武內宿禰（仕於六代君主，活到三百歲），現在在許多神祠祀爲長命與大知識之神。醍醐天皇之臣菅原道眞，以天神或天滿宮之名被祀爲文字之神。無論在甚麼地方，孩子們都把寫得最好的字獻給這個神，又把自己用舊的筆，放進祠前所置的箱中。曾我兄弟是第十二世紀的有名的悲劇的主人公，同時是勇士，這兩兄弟後來成爲神，人們爲使兄弟和好而去禱告。豐臣秀吉的有力的部下加藤清正，這個基督教耶穌派的强烈的敵人，由佛教和神道兩方面拜爲神。德川家康以東照宮之名被禮拜。事實上，日本歷史上的有名人物，多數有他們的神祠。而從前諸侯之靈，也一定給他的子孫及繼承的臣下禮拜。

註：人也有粗暴的靈和溫和的靈，但神有三種不同的靈，粗暴的靈，溫和的靈和授與的靈請閱沙多著「神道的復活」。

主宰產業及農業的諸神——尤其是農夫所祈願的蠶的女神，米的女神，風與天氣之神等——以外，國中幾乎到處都有贖罪慰藉的神祠。這種在後代成立的神道的神祠，是爲了贖償那些因不幸或不正而受苦的人們的靈而建立的。此際禮拜採取非常奇異的形態，禮拜者求被祭者保護他避免後者生前所受的災難與困難。曾經在出雲見過祀着曾受王侯寵愛的婦女的靈。這個女人爲嫉妬的競爭者的術數所乘，自殺而死。故事是這樣的：這個女人有極美麗的頭髮，可惜不够黑。因此她的敵人們便拿她的頭髮的顏色用做排斥她的手段了。後世的母親們，如果孩子的髮色有點紅，便去拜那個神，祈求紅髮變爲黑髮，她們拿一束頭髮和東京的錦畫獻給這個神。因爲這個女人聽說是歡喜錦畫的。同一地方，又有一個神祠，祀着一個因丈夫離家不歸，悲切而死的女人的靈。這個女人曾經站在小山上，望夫歸來，她的神祠就築在這個小山上，她竚立着望夫歸來的地點。後世孤守空房的女人，就去拜她，祈求丈夫平安歸來……。和這同樣的慰藉的禮拜，在普通的墓地也有。公衆的憐憫的心，要去祭祀那些因受冷酷的待遇不得已而自殺的人們，或在法律上雖有罪，但事實上由於愛國心及其他値得同情的動機而被處刑的人們。在這些人的墓前，有人進薦食物，有人默默地祈禱。不幸的戀愛者的靈，也會有同病相憐的年輕人來祈願……。關於贖罪慰藉的禮拜，還有其他的形態，須得提起，這就是自古有爲動物——主要是家畜——的靈而建立小祠的習慣。這是因爲牠們生前默默地馴和地工作，而得不到報酬，或者因爲牠們受了過份的痛苦的緣故而建立的。

還有別種守護神，也得提起。各人的家裏以及家的周圍，住有許多的神。其中有的在神話裏面也寫着，恐怕是從日本的祖先禮拜發展的，有的是外國起源的，有的好像沒有神祠，有的代表着所謂萬物有靈說。這種神與其說接近希臘的 Saiuores，不如說接近羅馬的 dii genitales（生生之神）。井的神水神，食器的神荒神（幾乎每家廚房都有獻給這個神的小神壇，或者有寫着這個神的名字的護符），鍋類的神，灶神，戶部的神（從前叫沖津彥或沖津姬），化做蛇形出現的池神，米箱的女神，灶神，最初教人用肥料的厠所的神（這個神通常用紙做成沒有面孔的小男女形來表現），木材，火，金屬的神，庭園，原野，草人，橋，丘陵，森林，河流的神，樹木之靈（日本的神話，也有 dryads 樹木的女精），這些精靈，不用說是起源於神道的。又在另一方面，道路主要在佛教諸佛的保護下。關於地方的境界的諸神（拉丁語叫 termes），我一點知識也沒有。我們只能在離村較遠的地方看見佛像。不過無論那一個庭院，向着鬼門（卽惡魔之門）的地方有神道的小祠——據中國的傳說，鬼門就是一切壞事走來的方向。這些獻給神道的諸神的小祠，被認爲可以阻止惡魔進來。對於鬼門的信仰，顯然是從中國渡來的。

不過以爲家裏的每一個部分，每一根樑，每一個傢具都有保護神的信仰，是否受中國的感化而發達，倒値得懷疑。總之，我們想一想這個信仰，那末房屋的建築——只要不是外國式——仍舊是宗教的行爲，棟梁的工作包含着神官的工作，這一點也不足爲奇了。

來到這裏，又遇到萬物有靈說的問題。（我以爲現代的進化論者，不會還抱着萬物有靈說發生於祖先禮拜以前的舊思想——認爲無生物有靈的信仰是在人類對於亡靈的思想未發生前發達的思想。）說到這裏，在日本，要在萬物有靈說的信仰與神道的最下級的形態間劃一個界線，就像在植物界與動物界之間加一個區劃一樣的困難。最古的神道文學也一點也沒有給與今日所存在的發達了的萬物有靈說的根據。其發達恐怕是非常遲緩，多半是受中國的信仰所感化的。不過「古事記」中說，「光輝如螢火，妛亂如蜉蝣的惡的神們」，又有「使岩石樹根綠水說話的惡魔」，由此看來，萬物有靈說以至拜物教的思想，在中國的影響時代以前，已有些微痕跡。而萬物有靈說和不斷的崇拜結合的時候（例如對於怪形的石頭或樹木的崇拜之念），其崇拜的形式，大抵是依據神道的，此點頗堪注意。祭着這種東西的地方，其前面通常有神道的門，卽「鳥居」。後來在中國朝鮮影響之下，萬物有靈說發達的結果，從前的日本人便眞以爲自己處身於靈與惡魔的世界了。靈與惡魔在潮聲，瀑布聲，風聲，樹葉聲，鳥聲，虫聲及其他自然界的一切聲音之中，向人說話。由人看來，一切東西的動——波浪的動，草的動，移動的霧，飛行的雲，都像亡靈，甚至於不動的岩石，連路傍的石頭，也給看不見的嚴肅的東西注入了靈魂。

禮拜與祓禊

我們知道了在舊日本，生者的世界到處給死者的世界所支配——個人在生存中一時也脫離不了亡靈的監視。在家，個人爲父祖之靈所看護，在外，爲地方的神所支配。其周圍，頭上脚下，到處有生與死的眼睛所看不見的力量。據其關於自然的思想，則萬物的次序由死者所規定——光明與黑暗，天候與四季，風與潮，霧與雨，生長與枯死，疾病與健康等都是。眼睛所看不見的大氣，是靈的海，亡靈的大海。人所耕耘的地裏，滲透着靈氣。樹木裏也有靈住宿，它是神聖的。岩石也被授與了有自覺的生命……。人對於這許多看不見的東西，究竟怎樣盡了他的義務呢？

學者也好，小的神名不必談，能將大的神名一一記住的人，恐怕不多吧。又無論甚麼人，在他每天祈禱的時候，要將大的神名，一一叫出來，恐怕也沒有這個時間。後代的神道學者，規定對一般的神們作簡單的每日的祈禱，並對特殊的兩三個神作特殊的祈禱，以圖信仰的義務單純化。他們這樣使得古來的習慣容易確實地保守下去。平田說：「有各種作用的神，不可勝數，故只要指定最重要的神去禮拜，其餘歸納在一般的祈禱裏面，比較便當。」平田爲有空閒的人，特定了十種祈禱，但爲忙碌的人，則減輕義務，這樣說：「每天事務繁忙，無空念一切祈禱的人，第一拜皇居，第二拜家中神壇，第三拜祖先的靈，第四拜氏神，第五拜自己的特殊的職業的神，就可以滿足了。」他主張每天在神壇前這樣祈禱：

「在這神聖的神壇上，恭置神殿，謹招諸神，敬讀讚辭，第一拜伊勢內宮外宮的大神——八百萬天神——八百萬地神——在各地方，各島，大八洲所有地方大小神祠所祀千五百萬諸神及其所率百千萬諸神，支祠末祠的神——以及曾富登（註一）之神，敬求諸神矯正我非故意所犯的過失，各依其力，惠我愛我，依隨神聖的範例，誘我以善。」（註二）

註一：曾富登之神是草人之神，田野的保護者。

註二：據沙多氏的譯文。

這幾句話是神道的最大的註釋者所擬的神道的祈禱文。除掉關於曾富登之神以外，現在日本的家的每朝的祈禱文還是這個內容。不過近代的祈禱已經短得多了……。在最古的神道的地方出雲，每朝依習慣做禮拜，這個禮拜表示祈禱的舊規定的最好的例。禮拜的人一早起來，洗臉漱口沐浴及面朝着太陽，恭恭敬敬地低頭，說幾句簡單的話：「嚴肅的神啊，感謝你今天又來了。」這樣拜太陽，也就是盡臣民的本分——因爲這就是對皇室的祖先表示忠誠。這做禮拜，是在戶外站着做的，但這簡單的禮拜的光景，會給人極大的感動。我在追憶裏面——數年以前，在隱岐海岸目睹的光景——年輕的漁夫，直立在小船的船頭，拍着手迎接上昇的旭日，殷紅的日光，便將這個人照成立着的銅像一樣，這個光景，至今浮在眼前。我還有一個活生生的回想，是一個巡禮者站在富士山的絕頂的岩石上，保持着身體的平衡，向東拍着手的姿態……。恐怕在一萬年或二萬年以前，所有的人都像這樣禮拜太陽的神。

拜過太陽之後，禮拜者就回家，在神壇及祖先的神牌前祈禱。禮拜者跪着喊伊勢或出雲的大神，當地的主要神祠的諸神，氏神，最後到神道的無數的神。這樣的祈禱不是高聲喊的。向祖先感謝他們留下了家的基礎，崇高的神們，則爲了他們的幫助與保護……。至於遙向皇居低頭，我不知道究竟遠到甚麼地方，不過我常常目擊過這樣的禮拜。我又有一次看見到東京來玩的鄉下人，在宮城前表示敬意。我因爲時常在他們的村裏逗留過，所以他們也認識我，到了東京，找到我的家來看我。我把他們帶到宮城，來到宮城的正門，他們便脫了帽，拍手行禮——恰像他們對神及迎接太陽的時候一樣——這個簡單而嚴肅的敬意的表示，使我的心發生了很大的感動。

早晨禮拜的義務裏面，還有一件事情，就是在符牌前供祭物，但這不是一家的祭祀的唯一的義務。在神道的家，祖先和崇高的諸神，是分別禮拜的，祖先的神壇，似乎像羅馬的 **Lararium**（家族的神）。至於置有大麻及御幣（這特別是家族所崇敬的崇高的神們的象徵）的神壇，可以和拉丁人爲禮拜 **Penates**（家的爐邊的神）而設的場所相比。這兩種神道的祭祀，有其特殊的祭日，祭祀祖先的時候，祭日是宗教上的集合的時候，是一族的親戚爲家的祭典而集合的時候……。神道家又須祭祀氏神，爲慶祝關於國家的祭祀的九種大祭，至少要出力幫助。國家的大祭有十一種，其中九種是禮拜皇室的祖先。

公式祭典的性質，視神的階級而異。祭品和祈禱是獻給所有的神的，不過對於高位的神，則以特別的儀式禮拜。今日通常的祭品是食物，酒，以及象徵高價的織品的東西，這種織品是自古用以供神成爲風習。儀式中有遊行，音樂，歌謠，和跳舞。極小的神祠，其儀式也小，僅僅薦以食物就够了。不過大的神祠，則有神官和巫女——通常是神官的女兒——的一團祭司，儀式也嚴肅隆重。要研究這種儀式的古趣，最好到伊勢的大廟（這個神宮的高位的巫女，過去是皇女）或出雲的大社。佛教的影響，曾經有一個時期將舊信仰幾乎完全葬掉，但在這個伊勢和出雲，萬事殘存，一如太古的狀態，——在這個神聖的境內，活像在神仙故事中的魔殿一樣，時間也好像睡着了沒有過去。建築的形態本身，就不可思議地高聳着，以其奇特的姿態，驚人眼目。在這個祠宇內，一切都清淨無垢，既沒有可觀的東西，也沒有裝飾，也沒有象徵，——只有祭品的象徵，及表現不能看見的東西的奇異的神幣，掛在筆直的棍子上。我們看這些擱在深處的神幣的數，便可以知道這個神社裏面祀着多少神。那裏除了空間，沈默，及過去的暗示以外，沒有甚麼東西可以動人的心。最裏面的神壇，垂着幕，裏面大概擱着青銅的鏡和古劍，以及包着好幾層的甚麼物品。有的不過是這幾樣東西。因爲這個信仰，比那製作許多偶像的時代還要古，所以不要甚麼人的像。這裏的神就是亡靈。而這個神祠裏甚麼也沒有的寂靜，遠較擺着偶像的廟宇，使人引起深深的嚴肅之感。其祭典，其禮拜之型，其神聖物品的形態，至少對於西洋人的眼睛，都是非常奇異的東西。神火決不是用近代式的方法來點的——這個用火烹煮神的食物的火，像檜木做的錐一樣，是用最古的方法來點的。神官之長，穿神聖的顏色——白——的上衣，戴一頂那種樣子別處已經沒有的帽子，——是從前王侯貴人等戴的高帽子。其他神官則依其位而衣各種顏色的服裝。他們都是不剃鬍子的——有的留着長髯，有的只留着鬍子。這些神官的動作態度都有威嚴，但也有不可名狀的古風。其動作一一爲古來的傳統所規定，所以要克盡神官的職務，必須有長時期的訓練。其職務爲父子相傳，其訓練由少年時代開始。這樣累積起不表現感情的修養，這實在是可驚的。執行其職務的神官，與其說是人，不如說像個石膏像。這是給看不見的甚麼東西所動的姿態——而又和神一樣，神官是不眨眼的……。曾經遇到很長的神道的遊行，我跟許多日本友人，注視騎在馬上的神官，看他能彀多久不眨眼兒。但我們這些人中，雖然在我們看的時候馬停止了脚步，但一個人也沒有發見他的眼睛或眼瞼稍微動一下。

大神社的祭典的儀式中，最重要的事項，是進祭物，讀祝詞，及巫女的舞。這些都有固定不動的傳統。食物的祭品，盛以不上琺瑯的古風的瓦器（大抵是赤色的瓦器），燒好的白飯，盛成圓錐形，再加上魚，海草，果實，鳥類，以及裝在形狀還是太古時代那樣的酒瓶中的酒。這些祭品，放在形狀奇異的白木盆上，拿到神祠裏。拿這祭品的人，兩眼以下蔽以白紙。這是爲了不沾汚神的食物。又爲了同樣的理由，捧盆時，手也要伸得十分直……。在古代，祭品之中好像還含有遠較食物高貴的東西。神道的祝詞恐怕是日本語的最古的文書，如果我們可以信賴這個文書所證明的東西，那末下面抄錄的龍田的風祭神的祝詞，頗有興趣。其所以有興趣，不獨因爲文章好，又因爲可以由此知道上古時代的大儀式的特質和祭品的性質。——

獻諸男神以服，曁美粗細之帛，五色之物，楯，戈，馬，鞍。獻諸女神以服，金麻笥，金線梳，金線卷，華美粗細之帛，五色之物，馬，鞍，種種幣帛。盛酒盈甕，又如米稻之屬，居於山者如毛獸之屬，生於野者如甘菜辛菜之屬，居於海者如魚鰭藻類之屬，堆積如山，以饗我皇神，幸以爲食。無令天下公民之作物，遭惡風荒水，則盛酒盈甕，亦汁亦貝，百千之稻，以行秋祭。王卿百官，倭國六縣之長，至於男女，今年四月，齊集皇神之前，頓首叩拜，朝暾榮上，誦我贊辭。神其來饗！

現在，祭品既不「堆積如山」，也不包含「山海的一切東西」，不過大規模的祭典，依舊存在，儀式總是使人感動。神聖的舞蹈，也是頗有興趣的儀式的一部分。當神吃着放在神壇前的食物和酒的時候，巫女穿着紫紅和白色的衣服，隨着鼓和笛的音，優美地動，——在神前迴轉，把扇子搖作波浪形，鳴着許多小鈴子的流蘇而動。拿西洋的想法來說，巫女的這個舞，幾乎不能說是甚麼舞蹈，但是看起來，確是優雅而不可思議的光景——因爲其一舉一動，一如太古的東西。至於含着哀調的音樂，西洋人的耳朵聽不出裏面有甚麼眞的旋律，但神是喜悅的。

我說的特別是在出雲看的儀式，這個儀式視祭祀的種類及地方而有多少差異。在我看過的伊勢，春日，琴平及其神祠，巫女通常是孩子。這些孩子到了婚期，就不做這個事情。杵築的巫女是成人的婦人，其職務是代代相傳的。結婚後也可以繼續做這個事情。

從前，巫女是單純的祭典執行者以上的人。據今日巫女所諳誦的歌文，可知巫女是作爲新娘獻給諸神的。現在，巫女所碰過的東西，也被當做神聖的東西。她們的手所播過的種子，也是受了神的祝福的。在過去某一個時代，巫女好像被當做代表神的女人。神的靈移上巫女身上，借她的嘴唇說話。這個最古的宗教的一切詩情，以這小小的神女——亡靈的小新娘——的舞態爲中心而發生。其姿態好像不可見的神在神壇前的可驚的白色和紫紅色的蝴蝶一樣。在近代萬事變化的社會上，這個少女也要到學校去，但現在還是表現着日本的少女時代的一切快樂。因爲她在家庭所受的訓練，能使她受人們的尊敬，天眞爛漫，做甚麼事都討人憐愛，具有可以得到神的愛的價値。

看其他國家的祖先禮拜的諸高級形式，使我們相信神道祭祀的公開儀式裏面，多少總有一點祓禊的儀式。事實上，神道儀式中最重要的就是這祓禊的儀式。所謂祓禊，是棄惡或驅惡之意……。在古代的雅典，每年舉行同樣的儀式。羅馬每四年舉行一次。祓禊每年舉行兩次——陰曆六月及十二月

•這和羅馬的祓禊的儀式一樣，是義務性質的，在這義務背後成爲其基礎的思想，和關於這個事情制定了羅馬法的思想一樣……。因爲人們相信生者的安寧爲死者的意志所左右，──在世界上發生的一切事情，是善惡等等性質的靈來規定──人們相信惡事會加强不可見的破壞力，而危及公共的繁榮，因此祓惡的必要，成爲世間共通的信仰而實行了。一個人也好，如果有人在一個社會裏背叛了神意，不管那是有意或無意，會招致公共的不幸與危險•不過要所有的人，決不在思想上，言語上，行爲上，或因激烈的感情，或因無智與疏忽而累及衆神，平安渡日，這是不可能的事情。平田說：「各人無論怎樣留心，必定會偶然在不知不覺之間犯罪……，惡行惡言，有故意與無意兩種。我們假定有無意而犯的罪，反而妥當。」對於舊日本的人──和對於古希臘羅馬的市民一樣──所謂宗教，主要在於正確地守無數的習慣，又因此執行幾種祭祀的任務時，一個人有沒有無意識地做了違反不可見的神意的事情，我們要記住要知道這個事情是很難的。因此作爲保持人們的宗教上的純潔並將其使之確實的方法，定期舉行祓禊的儀式，被人視爲不可或缺的事情了。

從極古的時代起，神道就嚴格地要人清潔──可以說神道認爲身體的不潔等於道德上的不潔，是對於神們不可寬恕的罪。神道一直是洗淨的宗教，今日亦然。日本人的愛清潔──看他們每天入浴，家庭整理得無懈可擊，也可以知道──因宗教而得維持，也許是宗教教他們如此的。纖塵不染的清潔，爲祖先禮拜的祭典所要求──在神祠也好，在祭司的一身也好，在家庭也好──關於清潔的這個規定，自然逐漸推及於生活的一切方面了。於是除了定期的祓禊的儀式以外，祭祀裏面還有許多拂除不清潔的儀式。我們記得古希臘羅馬的文明裏面，也有這樣的事情，其市民在其生活的幾乎一切重大的時期，要從事於祓淨的儀式的。即在誕生，結婚，死亡等時，祓禊是不可或缺的。出征前也是一樣。在一神們的殿堂。不過從前的神道對於這個事情的要求，比羅馬希臘的祭祀更要厲害。神道要求爲了人的誕生死亡與結婚，另外特別蓋一個屋子——分娩用的家，給新婚夫婦住的家（洞房），給死人用的特別的家（喪屋）等。從前婦人在月經期間及產褥時間，是要分居的。這種嚴格的舊習慣，現在除了一二邊鄙之地和神官的家族以外，差不多都沒有了。不過祓禊的儀式和禁止接近神聖場所的時日及事情等，現在到處還是保留着。身體上的清潔，和心的清潔同樣地被要求。每六個月舉行一次的大祓禊儀式，當然也就是道德上的滌淨。這不獨在大神祠以及氏神的祠宇舉行，每個家庭(註)也都舉行的。

註：每個家的神壇上，大概都置有長方形的紙箱，箱裏有舉行國家的大祓式時伊勢的神官用過的木棍的斷片。這個紙箱通常叫做「御祓」，即祓禊儀式之名。箱上又書伊勢神宮之名。家中有這東西，就是家中有保護。但過了六個月，要換新的。因爲人們認爲這個東西的祓禊的效力，只有六個月。把伊勢神宮舉行祓禊時用以「驅逐惡魔」的幾根棍棒的斷片，分配給幾千個家庭，其意義當然是把尊貴的神宮的保護，推及這些家庭，一直到下次舉行祓禊爲止。

近代家庭的祓禊的形式，極簡單。各神社的教區的祠，把男、女、兒童的剪影一般的小紙頭——叫做「人型」——分給該教區的人，即氏子。紙是白的，折得很奇特。各家依人數而領幾個人型。男人和男孩子領男子型，女人和女孩領女子型。家裏每人拿這一張紙頭，在自己的頭、臉、手足、和身體上碰一碰，一面唸神道的祈禱詞，求神以慈悲之心免除他因不知而犯的罪而蒙的不幸和疾病（據神道的信仰，疾病和不幸是神罰）。人型上面寫好領者的年齡性別（不書姓名），然後都還給教區的祠。在這祠裏舉行祓禊式時，一起燒掉。社會像這樣每六個月「將汚穢拂去」。

從前在希臘羅馬的都市，舉行祓禊儀式時，出席者的姓名都要登記。市民的出席，是種重要的事情，故意缺席者，或處以笞刑，或被出賣爲奴隸。缺席的人，要喪失市民權。在古代日本，社會的各員參加儀式，也是義務。但我不知道那時人名要不要登記。恐怕是不要登記的，因爲在日本，個人是不爲公共所承認，家族則作爲一團而負有責任，因此家中各人的出席，大概由家全體負責決定。用人型一事——上面不記禮拜者的姓名，而只記男女的性別與年齡——恐怕是最近的事情，大概是起源於中國的。官廳的登記，在極古時代也有，但這好像和祓禊沒有甚麼特別的關係。而這登記，大概又不是神道所有，而由佛教的教區的僧人所保存……。最後，我還要附加一句，當偶然招至宗教上的汚穢時，或者有一個被判斷他犯了關於公共祭祀的規則的罪時，是要做特別的祓禊儀式的。

從起源上和祓禊的儀式關聯，還有神道的種種禁欲性質的行爲。神道本來不一定是禁欲的宗教。把酒肉獻給神吃，看這一點也可以知道。至於規定的克己的形式，也不過是依從古來的習慣不損害普通的品位的程度。不過說到特殊的情形，信徒中也有做非常峻嚴的事情的人，——所謂峻嚴，其中多含有冷水浴。熱心的信徒，在嚴冬大寒的時候，站在冰一樣冷的瀑布下面祈禱，這決不是罕見的事情……。不過要想知道神道的禁欲主義的最奇異之點，可以看現在依舊存在於邊鄙地方的習慣。這個習慣，就是社會的團體，每年從市民中選出一個人，叫他代表其他的人，完全獻身於神。在獻身的期間，這個代表者要離開家族，不接近女人，迴避遊戲慰安的場所，只吃用神火燒的食物，禁酒，每天在新鮮的冷水裏面沐浴幾次，在一個規定的時間做特別的祈禱，在一個晚上還有通夜禱告。這個人在特定的時期間，照上面那樣完畢了禁欲和祓淨的任務，便在宗教上成爲自由之身，接着另外選一個人去做。人們以爲那個地方的繁榮，完全靠那個代表能否確守所定的任務，如果發生甚麼公共的不幸事件，就懷疑這個代表心萌歹念，不守誓言了。從前發生公共的不幸事件時，代表是要被殺死的。我最初聽到這個習慣，是在美保關的一個小鎮上，那個地方的代表叫做「一年神主」(One-year-godmaster)，做代表的期間是十二個月。據我所聞，被選的人通常是年長的人，年輕人是絕少被選的。在古代，這個代表的名稱，有「禁欲者」的意義，關於這個習慣的故事，載於關於日本的中國的文獻中，據說此事始於日本有史以前。

凡是具有永久繼續的祖先禮拜的形式的宗教，都有一種或數種卜筮的方法，神道也不在例外。卜筮在古代日本，是不是像從前在希臘羅馬人之間一樣，公式上屬於重要的東西，這現在倒有疑問。不過遠在中國的星占算命傳來以前，日本人已經有種種卜筮，古時的詩歌，記錄，祭典等可以證明此點。卜筮的方法，有的看骨頭，有的用米麥的粥，有的看足跡，有的用豎在地上的棍子，有的聽公路上走過的人的話。這些卜筮的老方法，現在依舊差不多完全——大概是完全——通行於一般人之間。不過最古的卜筮，是燒焦鹿或其他動物的肩胛骨，聽燒焦的聲音而下判斷（註）。到後來用龜甲。卜筮者好像特別附屬於皇室。本居宣長在十八世紀後半，以當時尚通行的卜筮爲皇室的任務的一部分，而說：「天皇永久是太陽的女神之子。天皇的心和太陽的女神，無論在思想上或感情上，都是同一的。決不需要新的方案，只依神代以來的先例而治天下。如果有所懷疑的事情，則求決於明示天照大神的神慮的卜筮。」

註：關於這一種卜筮的形式，沙多氏說，在成吉思汗的時代，行於蒙古人之間，今日韃靼之略基

斯族尙有之——此事有關古代日本人種之起源，頗有興趣。

關於以上各種卜筮之例，請參照阿斯呑譯「日本紀」第一卷一五七，一八九，二二七，二二九，二三七頁。

至少在有史時代，卜筮好像不大用在戰時——的確不像希臘羅馬的軍隊那樣。日本的最大的將軍——如豐臣秀吉，織田信長——對於所謂前兆，是漠不關心的。大概日本人在長久的戰史的初期，一定由經驗而知道了根據前兆用兵的將軍，和不將前兆放在眼中的敵人作戰時，時常處於不利的地位。

在各種各樣的卜筮之中，今日仍舊存在，而在家庭間最普通的，是用乾米的卜筮。一般地是中國的卜筮最盛行，但是日本的算命者，在參照中國書籍之前，必先喚起神道的諸神，而在客室中設置神道的神壇；這是很有興趣的事情。

我們知道了日本的祖先禮拜的發達，和古代歐洲的祖先禮拜的發達，非常類似，尤其是公共的祭祀附帶義務性質的祓禊儀式一事，更相類似。

不過神道似乎比較我們時常拿古代希臘羅馬的生活關聯起來思考的狀態，表示着並不十分發達的祖先禮拜的狀態。而神道所要求的强制，似乎遠較後者爲嚴格。個人的信徒的生活，不獨爲他和家族社會等的關係所支配，又爲他和無生物的關係所支配。個人的職業，無論是甚麼職業，總有一個神監視着這個職業。一個人無論用甚麼器具，一定要用爲祭祀這個職業的神的團體的人們而定的傳統的用法。木匠不能忘記去崇拜木匠的神，鉄匠不能忘記去崇拜風箱的神，農夫必須對當地的神，食物的神，草人的神，以及樹木的神的精靈表示敬意。甚至於一家的器具，也都是神聖的。做僕婢的人決不能忘記烹具的神，爐邊，鍋，火盆的神。而且要絕對將火弄淸純。職業也和工作一樣，在神的保護之下。醫師，敎師，藝術家等，都有其應守的宗教的義務，有其應遵循的特別的傳統。例如學者不能隨便使用寫作的用具，也不能濫用寫作的紙，否則有悖文字的神意。婦女和男子一樣，其種種工作也受宗教的支配。例如從事紡織的女人，必須崇敬紡織物的女神和蠶的女神。縫衣的女子，必須把針珍重，無論那一家都有供祭品給針神的節日。武士的家也一樣，武士須視其甲冑武器爲神聖的東西。將甲冑武器安置得齊整美觀，是一種義務，如果馬虎的話，打仗的時候也許會招致不幸的事情。所以在一定的日子將刀槍矢劍等安置在客廳裏，供以食物。庭園也是神聖的，要處理它，必須守一定的規則。否則說不定會觸怒樹木花卉的神們。珍重，愛護，弄清潔，沒有塵埃。這些都作爲宗敎上的義務，到處勵行不怠。

……往往有人說，近來的日本人並不像從前一樣將公共的官廳，車站，新造的工廠等絕對弄清潔了。不過用外國的材料，在外國的監工下，造成外國式樣，和本國的一切傳統反對的建築，由舊思想來說，一定是被神拋棄了的場所。而在這樣汚穢的環境裏工作的人，既不感覺到自己的身邊有看不見的神，也不懂得敬神的習慣的意義，也不知道要求尊敬美麗的單純的東西的無言的要求。

死者的支配

現在讀者大概已明瞭了神道的倫理完全包含在無條件地服從大體出自家族祭祀的習慣中。倫理和宗教不是兩樣東西，宗教和政治亦無不同。政治一語，具有「祭事」的意義。一切政治的儀式，都以祈禱及犧牲開始，所以從社會的最上層的人以至於最下層的各人，都要服從傳統的法。服從這個法就是有信心，違背這個法就是沒有信心。這個服從的規則，依各人所屬的社會（組合）的意志，使每個人勵行。古代的道德，在於嚴守對於家、社會以及高權威的行爲的規則。

不過行爲的法則，大抵由社會上的經驗的結果產生，忠實地服從它，就不會是壞人。這些法則要人堅守畏敬目不可視的東西，尊敬權威，愛護父母妻子，友待近鄰從者，及勞作時勤勉、守規、節約、淸潔的習慣。最初，道德不過是服從傳統，但傳統本身後來慢慢被人和眞的道德視爲一物了。由此而生的社會狀態，如果從近代的思想來想像，當然有點困難。在我們之間，宗教上的倫理和社會上的倫理，很久以前實在是兩樣東西。而社會上的倫理，慢慢隨信仰的弱化，變得比宗教上的倫理更重大緊要。我們大抵在一生之中，早晚會知道單守十誡是不够的，以不顯明的方法破壞十誡的大部分，遠較破壞社會的習慣危險性來得少。但是在舊日本，倫理和習慣之間，——道德上的要求與社會上的義務之間，不許有任何區別，慣例視兩者爲一物，同時破壞其中之一者，而欲加以隱瞞，是不可能的——祕密是不存在的。非但如此，無文的戒律，不止十幾條，其數有數百，觸犯其中的極小的部分，就不獨作爲過失，又作爲罪過而受處罰。一般的人，在自己的家也好，在別的地方也好，都不能爲所欲爲。至於身分高的人，則處於那些專以非難破壞慣例爲務的部下的注視之下。能依世間一般的意見之力而規定生活的一切行爲的宗敎，是不需要敎義問答的。

道德上的習慣，都是强制的。不過許多習慣，最初只在强制之下勉强造成的，後來因不絕反覆實用的結果漸變容易，終於成爲自發的東西，於是依宗敎上及社會上的權威，數代間强制的行爲，終於成爲本能的了。不用說，宗敎上的强制，因外部的原因——例如長期間的戰爭——而受妨礙的地方當然不少。舊日本確實大有障礙。不過神道的力量還是成就了驚人的事情——就是在許多點上，發展了眞可驚嘆的一種國民性。在這國民性中發達而來的倫理的感情，和西洋大相差異，但和日本的社會同要求，則恰巧配合。這個道德的國民性，後來得到了大和魂（或大和心）這個名稱——即昔時有皇居的大和國的名稱，象徵地用做全國的名稱了。逐字而言，大和魂一語，解作「古代日本的精神」，也許更好。

十八世紀及十九世紀的神道的大學者們，其所以大膽斷定唯有良心是十分的倫理上的指導者，也是因爲想到那個「古代日本的精神」。他們宣言日本人的良心的崇高的性質，是日本人種的神聖的起源的證據。本居宣長說：「人是給兩位創造的神造成的，所以自然賦有關於自己應做的事及不應做的事的知識。故以道德的法則煩自己的心，是不必要的。如果道德的法則是必要的，則人將不如禽獸。動物都賦有關於應做的事的知識，不過其程度不如人而已。」賀茂眞淵早就比較日本和中國的道德，而說後者不如前者。他說：「昔人性素樸時，不需要道德的複雜的方式。惡事也會偶而有之。但人的所謂素樸的性質，能防止惡事隱蔽而擴大。故當時沒有說正邪之故的必要。但中國人雖有所受的教，因心邪惡，只弄好了外部。因此惡行擴大，社會紊亂。日本人則因爲素樸的緣故，能不待教而行。」本居也將同樣的思想，以稍微不同的方式說道：「日本人的行爲，因爲眞正符合於道德的緣故，一點也不需要道德上的學理，中國人的關於道德學理的嚴格麻煩的思想，是從他們的實踐道德的紊亂而生……知道沒有學而行之道（倫理上的體系），就是知道應行神之道。」其後平田這樣說：「要知道畏敬目不可視者，如是則惡事可止。養你心中種植的良心，即不會離道而迷。」

社會學者也許會嗤笑他們談這種道德上的優越（特別因爲他們的意見，其根據在人類在剛從神們的手裏離開的原始時代反較現在優秀的假定上），但其中也有幾分眞理。眞淵和宣長寫上面那樣的事情的時代，正是國民服從於微細得幾難相信的規律，而努力履行的時代。而這規律造成了實在可驚嘆的性格——造成了可驚嘆的忍耐，非利己的心，誠實，殷勤，帶着崇高的勇氣的溫和的性格。不過為了這個性格的發達，付了多大犧牲，只有進化論者能夠想像得到。

一直到這些神道大學者的時代，國民所服從的這個規律，其本身有不可思議的進化論的歷史，這一點在這裏有一說之必要。在原始時代，這個規律，也是一樣的嚴格，但遠較沒有統一，單純而沒有細小的組織。後來隨社會發達，國家强盛，愈益發達成為精密的東西，到了德川將軍時代，終於達到規律的頂點了。換言之，其支配力和國力的發達，成正比例而愈益嚴格起來——視人們的擔負規律的力量怎樣……。我們知道了從這個文化的最初市民的全生活已經被規定，職業也好，結婚也好，父親的權利也好，保持財產及處分財產的權利也好，都給宗教的習慣所規定。我們又知道了一個市民的行為，不論在家內或家外，都在監視之下，破壞一個重大的慣例，也許會成為他在社會上的破滅——這個時候，他不獨是社會上的犯人，他又是宗教上的犯罪者，——又知道了組合（團體）之神為他動怒的緣故，如果寬恕他的過失，也許整個團體要受神罰。不過治理那個地方的政府究竟為他留下怎樣的權利，這倒有研究的餘地——這樣的政府通常是代表着不准許控訴的宗教專制的一個種類。

研究舊法律及習慣的材料還不充分，因此關於明治以前的一切階級的狀態，我們還得不到充分的知識。不過這方面的許多有益的著作，已經由美國學者完成。例如威克摩教授和西門茲博士的勞作，關於德川時代的民衆的法律狀態，提供了給我們許多知識的文獻。德川時代，我剛才已經說過，是最注重規約的時代。人民所受的干涉，其程度究竟如何，可以從他們遵守的奢侈禁制法的性質和數目揣想得到。舊日本的奢侈禁制法，其數及其瑣細，恐怕勝於西洋法律的歷史中所有的任何記錄。一族的祭祀嚴格地規定了人的行爲，組合勵行了共義務的標準，而國家的統治者也一樣嚴格地規定了個人——包括男女兒童——應該穿怎樣的服裝，怎樣坐，怎樣走，怎樣說話，怎樣工作，怎樣吃，怎樣喝。娛樂也和勞役一樣不客氣地被規定。

日本社會的一切階級都在奢侈禁制的規約下——規定的程度雖隨時代而有差異，但這種法律好像是從極古時代就有的。西曆六八一年有天武天皇制定一切階級的服裝的記錄——自皇族以至於平民，所着用的頭飾衣帶色澤都有一定（註）。僧尼着用的衣服及其色澤，在西曆六七九年早有勅令規定。後來這種規定，其數大增，而又變瑣細。到了一千年後的德川治世，奢侈禁制法顯著發達，其性質在適用於農民的規定上表現得最好。農民的生活，悉爲法律所規定，無微不至。例如有百石收入的農民（百石的收入等於一年九十磅至百磅的收入）得造六十尺長的房屋，但不許超過這個限度，室中又不許有裝擺裝飾品的客廳。倘無特許，屋頂也不得用瓦。農民的家族，任何人都不得穿絲衣服。農民的女兒，和有穿絲的資格的人結婚時，新郎在舉行婚禮時也不得穿絲衣服。農民的兒女結婚時，只可以燒三種菜。給參加婚禮的客人吃的湯、魚、和菜的質與量，都有法律規定。禮物的數也有一定，酒、乾魚、菜等禮物的價錢也有一定，連可以送給新娘的一把扇子的質也被規定。農民無論甚麼時候都不能送高價的禮物給朋友。舉行喪禮的時候，農民還可以供一種簡單的菜給來弔喪的人吃。酒不能倒在杯裏，只能倒在湯碗裏——（這也許是只和神道的喪禮有關的規定）。孩子誕生的時候，祖父母（依習慣）只可以送四種禮物——「嬰兒的布衣服一件」也在內，而且禮物的價錢也有一定。在男子的祝日（如五月節）連祖父母在內全家族送給孩子的禮物，由法律限定「紙旗一枚」及「玩具槍二根」……

……。年收算定有五十石的農民，禁造長四十五尺以上的家。他的女兒出嫁時送禮的衣帶，價錢不能超過五角錢。她的結婚宴會不能拿出一種以上的湯……。年收二十石的農民，不能造三十六尺以上的家，其材料也不能用欅檜等木材。其屋頂也限用竹子或稻草，地板上用厚蓆，就是奢侈，是被嚴禁的。女兒結婚時，不能饗客以魚及其他烤菜。其家族的女人們，不許穿皮的雪屐，只能穿草履或木屐，屐上的帶子也只可以用布的。女人們又被禁用絲製的髮帶和龜甲的髮飾，而只許用木梳或骨梳（不是象牙）。男人不許穿襪子，草鞋是用竹皮做的。這些人又不能用陽傘——即紙製的傘。算定年收十石的農民，禁造長三十尺以上的家。家裏的女人只能穿帶子是竹皮做的草鞋。他的兒子或女兒結婚時，只可以送一樣禮物——就是擱被窩的長箱子。他生了孩子，也只可以送一樣禮物，如果是男孩子，送一根玩具的槍，如果是女孩子，則送一個紙玩偶或泥玩偶。至於沒有自己的土地的，身份更低的農夫，關於食物服裝等，當然限制得更嚴重。例如他們結婚時，連那擱被窩的長箱子也不能用做禮物。不過關於這樣屈辱複雜的限制，要想得到正常的概念，最好看威克靡教授發表的文件，其中主要條項如下：「衣領及袖，可用絲，亦可用縐綢之帶——但不可用於公會……。」「二十石以下之家族，須用武田椀及日光食檯……」（這兩種是最便宜的漆製品）。

「大農及組長可用傘，但小農佃戶等僅可用簑衣草笠……」

註：參照阿斯頓譯日本紀第二卷三四三、三四八、三五〇頁。

威克靡教授所公布的文件，不過是舞鶴的大名頒布的規約，但和這一樣瑣細嚴格的規定，過去大概是全國勵行的。我知道在出雲，明治以前，有不獨規定各階級穿着的衣服原料，甚至於連色澤樣子都規定的奢侈禁制法。在出雲，甚至於屋子的大小，房間的寬度，建築物和牆垣的高度，窗戶的數，建築的材料，也都由法律規定。像這樣不獨規定住宅的寬度，傢具的價錢，甚至于規定衣服的材料

——不獨準備結婚的費用，連結婚的酒席的種類，食物器皿的種類，又不獨婦女髮飾的種類，連鞋屐的帶子的種類——不獨送朋友的禮物的價錢，甚至於連送給孩子的極廉價的玩具的性質與價錢也要規定的法律；當時的日本人怎麼能夠忍受服從呢？西洋人無論如何不能了解。但是社會的特殊構造，依組合的意志使這種奢侈禁制法可能，即人民自已不得不强制勵行。上面已經說過，各組合（村邑）以五戶或五戶以上的家為一團，叫做組。構成組的各家主人，選出組頭（組長），對上面的官憲直接負責任。組對於組內任何一個人的行跡都負有責任。進一步說，組中的一人對於其他的人都負有責任。上述文件中這樣寫着：「組中各員必須嚴密監視同組各人之行為。無相當理由而破壞此等規定者，應受罰，而該人所屬之組亦應負其責任。」把一個以上的玩偶送給孩子，也算是重罪，對於這個罪，也要負責任……。不過我們要記憶在古希臘和羅馬的社會，也有許多同樣的法律。斯巴達的法律規定了女人梳髮的樣子。雅典的法律定了女人的衣裳數。從前在羅馬，女人被禁止飲酒。希臘的米列塔斯和馬西利亞也有過同樣的法律。在羅茲島和卑散庭，市民是禁止剃鬍子的。在斯巴達，市民是不能留鬚的。（至於規定結婚酒席的價錢及來客數的，較後代的羅馬的法律，我想不必說了，因為這個法律主要為的是禁止奢侈。）日本的奢侈禁制法，特別是因為加在農民之上，故難免使人驚異，其理由與其說是為了奢侈禁制法的趣旨，無甯說是因為太不客氣的涉於瑣細之點，而太苛刻了。

人的生活連微細的地方也給法律規定的時候，——微細至於鞋帽的種類，妻子的頭髮的扣針的價錢，孩子的玩偶的代價——如果有言論的自由，究難置信。這當然是不存在的。言語受怎樣的規定，除非研究國語的人，不能想像吧。社會階級的構成，在言語的習慣內——在代名詞、名詞、動詞的規則內——在後面或前面加上語頭語尾便會有差等的形容詞等內，反映得最明顯。和服裝、膳食、生活習慣的規定同樣嚴格正確，所有的話的表現法，消極地或積極地被規定——與其說是消極地，不如說是積極地被規定。關於不能說的事情的例很少，關於必須說的事情的規則則有無數——必須選擇的句子，必須用的言辭，非常的多。因爲自小受訓練的緣故，關於這一點是非常留心的。各人要學對長上講話時要用怎樣的動詞、名詞、代名詞，對同輩、或下輩講話時，要用怎樣的詞語。沒有教育的人，關於這一點，也得多少學習一點。但教育對於這個言語上的複雜的結構，教得很好，所以只要學習幾年，誰都能够自由使用。在上流階級，這個言語的禮節，複雜得幾難想像。語法上稍微加一點變化，便可以將聽者捧起來，表示講者的謙遜之意。這種情形一定在極古時代就行於一般人之間，後來受了中國的影響，這種適合儀禮的話就大爲增加了。上自天皇——天皇有臣下所不能用的人代名詞，或至少有代名詞——下至庶民，各階級都有該階級獨用的「我」這個話。相當於「你」或「您」的話，現在還在用的就有十六種，以前更多。（註）單數的二人稱，對孩子、學生、傭人講時，有八種。表示親族關係的名詞的敬稱和卑稱，也是同樣的多，且有種種階級；用以表示「父」的文字有九種，表示「母」的也有九種，「妻」有十一種，「兒子」也有十一種，「女兒」有九種，「丈夫」有九種。就中動詞的規則，因禮節的必要，複雜到用簡單的說明究難了解意義的程度。一個人長到十九歲或二十歲，如果是自小留心受訓練的人，大概可以完全懂得上流社會必要的動詞的用法，但要更進一步精通上流的對話的禮節，還要數年間的研究和經驗。隨着位階和階級不斷地增加，言語的形式也跟着產生。男人也好，女人也好，只要聽他或她的會話，便可以斷定他們屬於那一個階級。和白話一來，文言也有嚴格的規定。女人所用的言語的形式，和男人用的不同。由男女兩性的不同的修養產生的言語上禮節的相異，結果造成了信札的特殊文體——這就是所謂「婦女用語」，現在還在使用。用語的男女的差別，並不是只限於書翰上。它是隨階級而異的，但對話也有婦女的用語。現在普通的對話中，有教育的婦女，還是使用男人所不用的話和句子。武士的女兒，在封建時代，有特別的表現形式。甚至於在今日，聽在舊家庭中修養出來的女人的話，也可以聽出這個女人是不是武士的家庭的人。

註：社會學者當然能了解這個事實和羅威爾的「東方精神」『Soul of the East』中所論的代名詞的用法的節約，決不矛盾。在極度服從的社會，「有避免使用人代名詞的事實」。當然如斯賓賽爲說明此法而指摘的一樣，在這種社會（有極度服從的社會），呼人的代名詞的式樣，才有最精細的區別，但也有上面那樣的事實。

對話的材料和態度，當然也受限制。關於言語的自由的限制，可由加於動作上的限制的性質來推測。動作的規定非常瑣細而嚴格。這並非僅僅是關於隨男女階級而變化的無數種類的敬禮——凡臉面的表情，怎樣笑，怎樣休息，怎樣坐，怎樣站，怎樣走，怎樣起身等等，都有規定。日本人自幼受這種關於表情和行爲的訓練。在長上面前，以容色動作來表露悲痛或苦痛的感情，不知道是從甚麼時期被認爲不敬的表示，不過關於這一點，最完全的自己抑制，有史以前即已勵行，這點是可以相信的。關於禮貌的種種瑣細的規定，要求人不僅僅被動地去服從它，它是慢慢的——恐怕一部分是在中國的教下發達的。它的要求，不僅僅是叫人不可以將恚怒苦痛之感露出外面，它又要求人的表情和態度要表示相反的感情。勉强的服從是壞事，單是機械的從順是不够的。服從的眞實的程度，要以愉快的微笑，悅耳的聲調來表示的。但這微笑，也有規定。微笑的性質，也要注意。例如對長上說話的時候，露出牙槽微笑，這是非常失禮的。在武家階級，這種禮貌極爲嚴格。武士的女人，和斯巴達的女人一樣，聽到自己的丈夫或兒子戰死的消息，也要表示喜悅的樣子。這個時候，稍微表示自然的感情，就是非常沒有禮貌。所有階級的禮貌，都有嚴格的規則爲範。甚至於在今日，人們的態度到處表示從前的規律是怎樣的東西。最奇怪的是，這從前的態度，與其說是習練而得，不如說好像是自然預備給人的，與其說是訓練而得，不如說好像是本能的。行禮——低頭，以及祈禱時靜靜發出聲音而將氣息吞進去——迎人送人時，將兩手放在蓆上的位子——在客人面前的坐法，站法，走法——接東西捧東西的樣子——這些普通的行爲，一見也都自然而有魅力，令人覺得單靠教習是學不會的。至於更高的禮貌，尤其是如此。——即在有修養的階級，由從前的訓練而生的精巧的禮貌，是如此——特別是婦女的態度。我們必須認爲習得這種態度的能力，多賴遺傳——必須認爲是處於規律之下的人種的過去的經驗的結晶。關於文雅有禮，這種規律對於一般人民，究竟有怎樣的意義，我們可以從德川家康的給與武士的命令推測出來。據這個命令，武士對於三階級（農工商）的任何人，苟有無禮的行爲，都可以斬殺。不過可注意的一點，是家康對於「無禮」這個字的意義，留心加以限定，所謂無禮者，日本語有慮外者的意義——因此，必須以意想外，卽「慮外的」行爲爲要件，換句話說，必須以違反規定的禮節爲要件——

> 「士者，四民之司，農工商之輩不可致無禮之舉，無禮者，卽今所謂慮外者也。對士行慮外之舉者，士不妨誅之。士有直臣陪臣上下君臣之別，但於慮外者，誅殺之權一也。」（第四十五條）

不過認爲家康制定誅殺的特權，有點勉強。家康大概是把行之已久的武士的權利確定爲律令罷了。關於下級對於長上的行爲的嚴格的規則，可以說是在武家權利勃與以前早已嚴格勵行的。

恐怕在中國的刑法輸入以前及以後，——以所謂明清的法典，在將軍之下，以這法典治國的——

國民全部處於笞下。庶民爲了極小的罪，被處以殘酷的笞刑。至於重大的犯罪，其刑罰爲申斥而後誅殺。至於非常野蠻或近乎野蠻的刑罰，則有西洋中世紀時所行的火刑，十字架：磔刑，活油烹等。規定村民生活的文件中，沒有表示法律的嚴峻的。組帳中有如此這般的行爲要受處罰的宣言，不知古法典的人看了，大概不會覺得有甚麼可怕。事實上，日本法律文件中有的「罰」這個字，自少量罰金以至於炮烙重刑，包括一切刑罰在內……。在家康時代以前，爲鎮壓爭鬥而用的嚴罰的證據，見於西曆一六一三年到日本來的船長沙利斯的難得的書信中。船長寫道：「七月一日，同伴中有兩人互相爭執，快要到野外去（就是要去決鬥），結果使我們所有的人陷於危險。因爲怒而拔刀的人，即使並沒有傷害人家，也要被誅，倘使稍微傷害了人家，那麼不獨自己要受死刑，其一家也要受同樣的刑罰……」

不用說，死刑與其說是爲爭鬥這個犯罪而施，不如說是爲更大的理由而施，但爭鬥之被嚴禁，並受重罰，則是事實。武士階級雖有誅殺庶民階級的「慮外者」的特權，但自己本身也要服從比這特權更嚴峻的規律。說了一句使人感覺不愉快的話，或做了一個使人不快的表情，或者擔任一個任務時犯了細小的過失，其刑罰就是死刑。普通武士是可以自己對自己加以死刑的，即自殺是被認爲特權的。不過將短刀深深刺入右腹，徐徐而又穩固地拉到右面，這樣切腹，和普通的磔刑，即刺穿兩脇的刑罰一樣，確實殘忍。

關於個人生活的一切事情，既爲法律所規定，同樣，關於個人的死的一切事情，如個人的棺材的質，埋葬的費用，葬禮的次序，墳墓的形狀等，也都有規定。第七世紀時頒布了法律，任何人都不能用不合身分的費用。這些法律，依身分而規定了葬禮的費用。後來的法令，規定了棺木的大小，材料，和墓石的大小。到了第八世紀，又頒布法令，爲王侯至百姓的一切階級，製訂了葬禮的細目。到了後代，又爲了這個問題，施行別的法律以及法律的修正。不過無論在甚麼時候，關於葬禮，一般人都想弄得盛大，這個傾向相當的强，因此數代之間雖有奢侈禁制法之實施，今日尚存留爲社會的弊害。這是因爲有那對於死者的義務的信仰，以及由這信仰而生的，雖使一家陷於貧窮，仍舊將靈重視，使靈喜悅的願望。想到此點，便容易了解了。

以上所述的法律，其中大多數由近代人想來，一定認爲是專制的。規定之中，由西洋人的眼睛看來，也有異常殘酷的地方。而且避免這種法律的習慣的義務的路，一條也沒有。不能做到這個義務，除了死或流浪以外，別無他路可循。惟有絕對服從是生活的條件。這個規定的傾向，自然會抑壓精神上及道德上的意見的相異，使個性麻痺，做成嵌入固定模型的性格。作爲其實際上的結果，得到了這樣的東西。日本人的思想，現在還保存着祖先的思想被壓抑限制而成的舊型。如果不知道助力形成此型，在抑壓之下使此型結晶的法律，便不能理解日本人的心理。

但又從另一方面來講，這冷嚴如鐵的規律在倫理上的效果，不用說是高超的。它使子子孫孫實行祖先的節儉，其强制由日本的異常貧困這一點想來，被認爲是正當的事情了。這個强制抑低了生活費，比較西洋人認爲再不能少的程度，抑得更低，這樣養成了質實簡樸儉約之念，厲行了清潔禮節與剛健。而且奇怪的是，這並沒有將人陷於不幸。人們忘記了自己的辛苦，而將世界看得很美。事實上，從前的生活的幸福，反映在舊時日本的藝術裏面。這和希臘生活的快樂，從無名畫家花瓶的筆觸之間，對我們呆着笑臉，完全相同。

這說明又不困難。我們要記住這個強制，並非僅僅從外部來維持，而實在是從內部來維持的。日本人的規律是自己來施於自己的。人們慢慢的造成了自己的社會狀態，而法律來保持了這個狀態。即他們日本人將這法律信爲絕對至上的東西。他們由這法律是立脚於自己道德上的經驗的很好的理由，相信它是絕對至上的東西。他們因爲有這樣的信仰，所以好好的容忍了它。惟有依宗教，人們才能受這樣的規律，而不變爲懦弱的人。日本人從未墮落爲這樣的人。強人克己服從的傳統，又強人養成勇氣而又要快活。爲政者的權力是絕大的。因爲一切死人的權力支持了爲政者。斯賓賽說：「法律，不問其爲成文或無文，是將死者對於生者的統治，以公式來表現的東西。過去的時代傳其性質於後——在身體上以及在道德上——因此在現代所有的這個力量以外——又過去的時代將習慣及生活的樣式傳於後代，結果在現代上面所加的力量以外——還有一個力量。這就是依口傳及文書殘留，依過去的公共行爲的規定而作用的力量……。我要力說這些事實。」——斯賓賽又附加上去說：「爲了明示它們在默默之中包含着祖先崇拜。」人文歷史中的其他法律，恐怕沒有再比舊日本的法律那樣說明斯賓賽的話的眞實吧。日本的法律是最明顯地「將死者對於生者的支配以公式來表現的東西。」死者的手是重的，現在還是重重的擱在生者之上。

佛教的渡來

日本古代的宗教，對其他所有敵對的異邦的信仰的渡來，是表示反對的，其理由現在可以明白了。家族的基礎在於祖先禮拜上面，村邑由祖先禮拜來治理，氏族與部族團體，也由祖先禮拜來支配，最高的支配者，是將其他一切祭祀結合於一個共通傳統中的祖先祭祀的尊貴的祭司，同時是神，那末根本反對神道的任何宗教的傳布，當然要被認爲是對於社會組織全體的一個攻擊。想到這些事情，那末佛教經過初期的幾次鬥爭之後（其中一次是流血的戰爭），被接受爲第二個國民信仰，這也許會使人覺得不可思議。不過佛教的本義雖根本和神道的信仰不相容，但佛教在印度，中國，朝鮮及其他諸鄰國，知道怎樣才能適應固持祖先禮拜的諸國民的精神上的需要。否則頑固的祖先禮拜老早將佛教潰滅了。因爲佛教的幾次廣大的征服都是行於禮拜祖先的人種之間。在印度，在中國，在朝鮮——又在暹羅，緬甸，安南，——佛教都沒有企圖驅逐祖先禮拜。佛教無論在何處，都沒有使人將它當做社會習慣之敵，但作爲社會習慣之友而接受了它。佛教在日本，也採取了它在大陸各國成功過的同樣政策。所以關於日本的宗教狀態，要想得到明確的觀念，必須將這事實記在心裏。

現在日本典籍中，最古的——恐怕除了關於神道祭典(祝詞)者外——是第八世紀以後的，因此祖先禮拜以外沒有宗教形式的古代社會狀態，只能憑臆測而知。我們想像完全沒有中國朝鮮的影響，方才能够漠然地想像在所謂神代存在過的東西，——而要決定在甚麼時代開始受了中國朝鮮的影響，倒也困難。儒教之先於佛教，大概很早。它的發達，作爲組織力，遠較急速。佛教在西曆五五二年左右，最初由朝鮮傳入。但當時的傳道，未收多大效果。到第八世紀之終，日本政治的全體的組織，受儒教的影響而改爲中國式。但未入第九世紀，佛教事實上已經開始擴布於全國了。它終於掩覆了國民生活，而在一切國民思想上，添上了它的色彩。但是古代祭祖的異常的保守思想——它那阻止和他物融和的力量——看西曆一八七一年神佛分離之容易，可爲明證。給佛教壓倒千年之久後，神道突又洄到它從前的素樸，而再建了古代祭祀的不變的形態。

不過佛教併吞神道的企圖，一時差不多好像已經成功了。這個併吞的方法，據說是在西曆八〇〇年時眞言宗的著名宗祖空海即「弘法大師」想出來的。空海最初說神道的崇高的諸神是佛的化身。不過，弘法大師當然只仿傚了佛教政策的舊例罷了。在兩部神道(註一)之名下，這神道和佛教的新的結合，得到了皇室的承認與支持。爾後這兩個宗教到處被放在同一境內——有時甚且放在同一建築物中，兩者似乎眞的融合了。其實，並沒有眞的融合，——這樣的接觸經過十世紀後，兩者又那麼容易地分離開來，宛如過去一次也沒有接觸過的一樣。佛教實際給與永久的變化的，只在家庭的祭祖形式上，但甚至於這個也不是根本的，也不是普遍的。有的地方，這樣的變化也沒有，差不多在所有地方，多數人們還是採取了神道的祭祖方式。而皈依佛教的許多人，也繼續表明其神道的舊信仰。他們一方面用佛教的形式禮拜祖先，另一方面又在家庭裏禮拜古代的諸神。今日日本的家大抵都有神棚和佛壇兩種(註二)祭祀行於同一屋頂之下。……不過我所以要寫這個事實，是爲了說明神道的潛勢力，但決不是藉此表示佛教宣傳的薄弱。佛教給與日本文化的影響，是那樣的多，那樣的深遠，那樣的複雜，那樣的無限。只有一點可驚的是，它永久未能使神道消滅。許多著述家不注意地說，神道只殘留爲公式的宗教，成爲一般的宗教的是佛教，這是完全錯誤的。事實上，佛教也和神道一樣成爲公式的宗教。它支配了平民的生活，也支配了上流階級的生活。既有過歸依佛教而爲法皇的天皇，也有過做了民宮的皇女。佛教左右了政治家的行動，法令的性質，以及法律的執行。各村邑的佛教僧侶，既是精神上的敎訓者，同時是公許的官吏。他管理轄境內的登記簿，他又將地方的重大事件報告給當局。

註一：所謂兩部，係「兩個部門」或「兩個宗教」之意。

註二：如果那家是佛教徒，則祭祖與葬禮，用佛教儀式爲原則，但神道的諸神，除眞宗的信徒以外，一般佛教徒之家也都是祭的。但眞宗的信者，其中多數也好像同樣的奉神道，而他們也有自己的氏神。

儒教由於移植了愛好學問之心，故對佛教的開闢道路，給與了很大的幫助。第一世紀時，早有幾個中國的學者在日本。但是統治階級之間普遍地開始研究中國文學，却是在第二世紀之終。不過儒教並非代表新的宗教，它是置其基礎於和日本極相似的祖先禮拜上的倫理教的一個體系。他要給人的是一種社會哲學——是萬物的永遠性的說明。它在孝順之教上添加了力量，並使之擴大。它將已經存在的儀式加以整頓，建立有系統的東西，並藉此組織了一切政治的道德。它對於統治階級的教育，也成爲偉大的勢力，維持至今。它的教義，在最善的意味上，是人道的。它在統治政策上給與的人道的結果，其可驚的例證，見於日本政治家中最賢明的人——德川家康——的法律及格言中。

但佛教雖與神道之間有根本的差異，善能與舊信仰調和，而將更廣大的人道的影響——即所謂慈悲這個一大福音，送給日本。在最高的意義上，它曾經是支持文化的一個力量。它教人尊重生命，愛護動物，如同愛人，現世的行動會影響到來世的狀態，爲了自己不知覺的前世的過失，要忍受現世的苦痛。除此以外，它確實將中國的產業和技術傳給日本。建築、彫刻、繪畫、印刷、園藝——要之，作爲美化生活的手段的一切技術產業——是在佛僧的指導下，最初在日本發達的。

佛教有許多的形式，近代日本有十二個佛教的主要宗派，現在僅就其最主要者，略加敍述。一般的佛教可以和哲學的佛教加以區別。大乘佛教，無論在那一個時代，那一個國家，都沒有得到多數信徒。如果相信大乘佛教特有的教義——如涅槃之教——得到普通的人的理解，那就錯了。普通人所理解的，是極單純的人也可以了解和歡喜的教義。佛教有一句話叫「看人說法」，這是說說教要適應聽者的能力。在日本——在中國也是一樣——佛教不得不將其教適應於不慣於抽象觀念的大多數人。就是在現在，民衆也並不了解涅槃的意義。他們頭腦裏注入的，僅僅是極簡單的形式。想到這一點，就覺得宗派教義等的差異，不必去想了。

要了解佛教對一般民衆的心給與的直接的影響，就要曉得神道沒有輪迴之教。在前面已經說過，據日本的舊思想，死者的靈魂是繼續存在於世間的。死者的靈魂以某一種方法和自然的不可見的力量混在一起，並藉自然之力而活動。一切事情因這靈魂的——善惡兩者的——媒介而發生。生時壞的人，死後變邪神，生時善良的人，死後變善神。但兩者死後都受祭祀。佛教渡來前，來世受賞罰的思想還沒有，天國地獄的觀念也沒有。那時以爲亡靈和神們的幸福，繫於生者的禮拜和祭物。

佛教企圖將神道的古教義從新的見地來加以解釋說明，而想干涉神道的教義。結果，雖然得到了一種變形，但未能抑壓它。佛教可以說接受了神道教義的全部。這個新的教說，死者繼續存在於看不見的世界，這是眞的，因爲無論甚麼人都有早晚要成佛（神的狀態）的命運，所以認爲一個人死後成爲神，這個思想是不錯的。佛教承認了神道的許多大神，承認了他們的資格地位，但說他們是佛陀或菩薩的權化。於是太陽的女神和大日如來被視爲一人，八幡宮和阿彌陀也被視爲一人。佛教又不否認妖魔或惡神的存在，他們被視爲就是 Pretas（餓鬼）或 Mârâyikâs（魔）。至於惡靈，就是因前世惡業，自食其果，永久註定挨餓的餓鬼。Pretas。以前供給許多惡神——熱病、疱、瘡、赤痢、肺病、咳嗽、傷風之神——的犧牲，也給佛教承認而繼續存在。但改依佛教的人，把這種邪神視爲Pretas（餓鬼），又規定只將可以供給 pretas 的祭品供給這些邪神——這不是爲了贖罪，而是爲了救濟亡靈的痛苦。此際又和祖先的靈魂的場合一樣，唸經是爲亡靈而唸，而不是向亡靈而唸，佛教也這樣規定。讀者可以想起羅馬舊教，也以同樣的用意，使古代歐洲的祖先禮拜實際上依舊存在。現在西歐各國，無論在甚麼地方，農民們在萬靈節（譯註）晚上，還是將死者的靈魂接得來饗以食物，因此我們不能認爲到處祖先都已絕滅。

譯註：萬靈節 All Soul's Day 是在羅馬舊教的國家，認爲是死人一年一次回到家裏來的日子，卽十一月二日。這天墳墓裝飾得特別美麗。相當於我國的盂蘭盆會。

不過佛教對於舊的祭祀，不僅僅使它繼續存在，又使它更加優美。在佛教之下產生了新而美麗的家庭祭祀。近代日本的祖先禮拜，其動人的優美的情操，可以知道是從佛僧的教化得來的。改依佛教的日本人，不復將死者視爲舊意義的所謂神，但依舊信其存在，不忘記以尊敬及愛情來呼喚他們。Pretas 的教義，對那畏懼疏忽家庭祭祀的感情，給與了新的力量，這是値得注意的。一般地被人厭惡的亡靈，也許不是神道所謂「邪神」，但有惡念的餓鬼，的確比邪神被人畏懼，因爲佛教規定餓鬼的惡力是這樣可怕的。在各種佛教的葬禮中，死者實際上現在也被人稱爲餓鬼——這是可憐的，但又是可怕的——它大大的需要人的同情與救濟，但又可以靠靈的力量報答供養它的人。

佛教所以有特別的吸引力，是由於它對於自然的簡單而巧妙的解釋。過去神道不去說明或不能說明的許多事情，佛教倒細細加以說明，而且解釋得看上去沒有甚麼矛盾。佛教對於生死生命的許多神祕的說明，使純潔的心立刻得到安慰，邪惡的心得到責備。佛教告訴人，死者幸福與否，並非直接由於生者對於死者注意不注意，而是由於死者（註）過去在現世時的行爲。佛教並沒有企圖將關於連續性的再生的高深的教義教給人，因爲要人理解究竟很難，因此它要教給人的，只限於甚麼人都可以了解的輪迴的簡單而象徵的教義。所謂死，並不是回到自然，而是在另外一個地方再來享受這個生。來世的肉體的性質，一方面要看來世的諸條件，一方面還要看現世的[illegible]，一切存在者的狀態及事情，全是過去的行爲的結果。有人現在又富貴又有權勢，爲甚麼呢？因爲他在前世爲人寬厚慈善。有人多病而窮，因爲他在前世就於肉慾，過去利己。某女人現在跟丈夫和孩子們過着幸福的日子，因爲那個女人在前世是可愛的姑娘，貞淑的妻。有女人又窮困，又沒有孩子，因爲她前世是妒性很大的妻，不慈悲的母親。佛曾這樣敎人：「恨你的敵人，是愚笨而錯誤的事情。你的敵人，因爲在前世要做你的朋友的時候，給你背叛了，因此現在做你的敵人。你讓你的敵人來加害於你吧。你把它當做你的前世的罪過的報應來接受吧！假使有一個少女，你要娶她，但給她的雙親拒絕，而嫁給別人了。但是他生總有一個時候，她會履約而成爲你的人……。你失去了孩子，當然很傷心，但這是因爲你在前世應該給同情的時候，沒有給，就是這個報應……。遭遇不幸而傷害了身體，你不能再像從前那樣生活了。但這個不幸，正是因爲你在前世曾經無故傷害了人家的身體。現在你自己的惡行回到你身上了。你要悔過，你要祈禱現在的苦行可以贖償前世的惡業……。」人的一切悲哀，就像這樣加以說明，而得到安慰。生命是無限旅程的一個階段，這條路的後方伸展在過去的黑夜，前方伸展在未來的神祕之中。所謂生命就是從被忘記了的永遠的過去一直伸展到今後存在的永遠的未來的一個階段。而世界本身也不過是一個旅客的休息場所，是路傍的一所旅店。

註：讀者一定會懷疑，佛敎怎麼能使再生之敎和祖先禮拜的思想妥協。如果人死是爲了再生，那末又何必爲了再生的靈薦食物，做禮禱呢？對於這個疑問，他們告訴人說，死者不是立刻再生，他先要進入所謂宇宙這個特殊的狀態，死者在百年之間停留在這無形的狀態中，然後再生。因此佛敎對於死者的服務，僅限於百年。

佛僧對衆生說教，爲使人容易理解起見，不說涅槃，而代之以慈悲之可得，苦難之可避，即無量光明之王阿彌陀的樂土，以及叫等活的八熱地獄，叫頞部陀的八寒地獄等。關於未來的罰的教，實在可怕。我對於神經纖弱的人，勸他不要去看這日本的，其實是中國的地獄的故事。不過地獄僅僅是爲了極惡的人而設的罰，罰並不是永遠的，惡魔到末了也可以得救。天國是善行之報，但這個報當然爲了永遠殘留的因業，在經過幾次再生之間，延長下去，不過在另一方面，這個報也許可以爲了唯一的善行，而在現世獲得。此外，在未達到這個最高的報的時期以前，每次再生的時候，其一生在可貴的行程上，因不斷的努力，比較前世更幸福。關於這個有爲轉變的世間的狀態，德行的許多結果，也是決不可以輕視的。今日乞丐，明天也許會投生在王公的邸宅裏，盲目的按摩，來世也許會成爲大臣。報償恆與功績的量爲比例。在這個世界，要有最高的德行，是很困難的，因此要得到很大的報償也很難。不過一切善行都有報償，這是確實的，而得不到功績的人，却一個也沒有。

神道關於良心的教義——關於正邪的天賦的觀念——佛教連這個也沒有否定。但這良心——佛教說——是在各人的心裏睡着的佛陀的本來的智慧。這個智慧，會因無知而變暗，因慾望而閉塞，因因業而受束縛，但最後總要醒過來，同時心也充滿光明，這也是一定的。

佛教教人對於一切生物都要溫情，對於一切畜類都要憐憫，這個教訓，恐怕在這個新宗教尚未普遍於世間時，已經在國民的風俗習慣上發生很大的效果。早在西曆六七五年，天武天皇就下勅令禁人民吃「牛、馬、犬、猿、家禽類之肉」，又禁用網羅陷阱，以捕禽獸。天武天皇所以沒有禁止吃所有的肉，大概是因爲天皇熱心保持兩方面的信仰的緣故。因爲絕對禁止，有背神道的習慣，而與神道的傳統不相容。不過魚類雖然是普通人的食品，但從這個時候起，可以說大部分國民已經停止食物的舊習慣，依從佛教的教戒，斷絕了肉食。這個教，其基礎在於萬法一如的教義。佛教對於世間一切現象，以因業來說明。爲使這個意義爲一般世人了解起見，說明一切種類的動物——鳥類也好，爬虫類也好，哺乳類也好，昆虫類也好，魚類也好——都不過是因業的許多不同的結果的表現，每一個動物的靈魂的生活，都是一樣的，甚至於最下等的動物中，也有神性的片影存在。青蛙也好，蛇也好，烏也好，蝙蝠也好，牛馬也好，一切動物過去都有成爲人形（也許是人形以上的東西）的特權，牠們現在的姿態，不過是從前犯了過失的結果，同時無論那一個人，也會因同樣的過失，來世墮落爲不會說話的禽獸——也許變成爬虫類，也許變成魚類，也許變成鳥類，也許變成背負重担的獸類。無論甚麼動物，如果虐待牠，虐待者就會投生爲同樣的獸類，而受同樣的虐待。被鞭打的牛馬，被殺的鳥，誰能斷言牠們以前不是自己的一個近親——祖先、父母、兄弟、姊妹、或孩子呢？

這些事情不僅僅是用話來講給人的。我們要記得神道是沒有任何藝術的。神道的宮殿，閑寂而無裝飾。但佛教却送來了彫刻，繪畫，裝飾等一切藝術。在黃金裏面微笑着的菩薩的像，佛教的極樂的天人，地獄的判官，女性的天使，以及可怕的鬼神的姿態等，給一向沒有接近一切藝術的人看了，一定使他們驚異了。掛在廟裏的大畫，壁上及天花板上的大壁畫，比言語更有效地說明了六道（譯註）之教及未來的賞罰。並排掛着的立軸中，畫着靈魂受了審判後在旅程中發生的種種事件，以及各色各樣的地獄的一切可怕的事情。有人畫着不貞潔的女人的亡魂，年年在死泉的旁邊用血污的手拾取竹葉的樣子。有人畫着誹謗了人的人，給獄卒用鉗子拔出舌頭受苦的情形。又有人描寫色情狂的人，給火女人擁抱，力圖掙脫之狀。以及將險峻的劍山瘋狂攀登之狀。此外又有餓鬼世界的種種樣相，饑餓的亡魂的痛苦，以及投生爲爬虫類及獸類者的苦痛等的描寫。而這初期的繪畫藝術——現在尚保存許多——決不是低級的藝術品。閻羅王的顰蹙的紅臉，能將所有的人的一生中的惡行照出來的怪鏡子的幻影，又在審判席前具有任何秘密都能看穿的眼睛的女人的可怕的頭，又能將惡事的一切味道都聞出來的男人的頭，這些東西對那些沒有看慣的人的想像給與了怎樣的效果，我們很難想像得出來。做父母的人，在圖畫裏看見孩子的亡靈的世界的故事，一定很感動——那個小小的亡靈，要在獄卒的監視下吃苦頭……。這樣的恐怖的圖畫以外，一方面又有安慰的圖，如慈悲的女神觀音的美麗的姿態，幼兒的亡靈之友地藏的慈愛的微笑，用光彩陸離的翅膀在空中飛行的天女的魅力等。畫佛畫的人，使單純的人想像到極樂世界，穿過寶玉的樹園，享受了無上幸福的靈魂，再生在蓮花裏面，給天女們服侍着的湖水的岸，也給他們去想像了。

譯註：六道是一切衆生因善惡的因業而必至的六種境界。即地獄、餓鬼、畜生、修羅、人間、天上。

又看慣了簡素的神道的祠宇的人，看見了佛僧建築的新寺院，一定是十分驚異的。給巨大的立像守護着的中國式的宏壯的門，銅或石刻的獅子及燈籠，用棒來撞鳴的巨大的吊鐘，廣大的屋簷上的龍形，佛壇的炫耀的光彩，唸經，燒香，以及配着奇怪的中國音樂而舉行的儀式。——這些不能不煽動了喜悅與畏敬之念，以及人們的好奇心。日本初期的佛寺，現在連西歐人看了還是會非常感動，這是值得注意的。大阪的四天王寺——曾經數度修築，但仍保原形。是西曆六〇〇年以來的東西，奈良附近的更有名的法隆寺，是六〇七年時造的。

當然，有名的繪畫和巨大的雕像只見於寺院，但不久佛僧們已經將佛陀菩薩等的石像連最邊僻的地方也放到了。從此便有了現在還在路傍對着行人微笑着的地藏菩薩——又和三隻象徵的猴子保護公路的庚申的像——保護農民的馬的馬頭觀音——此外在雖則粗雜然而印象深刻的技術中，還有許多令人想起印度起源的像。墓地慢慢地給夢幻般的佛陀或菩薩——坐在石製的蓮花上，閉着眼睛，崇高地寂靜地微笑着的神聖的死者的守護者——充滿了。都會裏，到處有佛教的雕刻匠開了店，製造各種佛教宗派所禮拜的菩薩像，供給虔敬的家庭。靈牌和佛壇的製造者，其數增加而昌隆了。

一方面，人們無論根據那一種信仰禮拜祖先，都是自由的。如果說大多數的人選取了佛教祭典，那末要歸功於佛教給與祭祖的特殊而有情味的魅力了。除了瑣細的事項以外，這兩個祭典，幾乎沒有甚麼差異。舊的孝順的思想，和將新的祖先禮拜合在一起的佛教思想之間，沒有任何爭執。佛教教人道，死人是可以因唸經而得到幸福，拿許多食物供養，亡靈便可以得到安慰。亡靈不可以供給酒肉給他，但是拿水果、米飯、點心、花、香之類使他歡喜，這是至當的。此外，極粗陋的祭品，也可以因唸經之力，變爲高貴的神酒或其他香美的東西。這種新的祭祖方式，所以特別得到民衆的歡迎，是因爲其中包含着舊的祭祖方式中所看不見的許多優美的，使人感動的習慣。不久，到處人們都知道焚燒一百八枝火來迎接每年來訪的死人了，——知道用稻草或蔬菜等做的小動物供給靈魂，以代牛馬了——又知道造亡靈的船，以備先祖的靈魂渡海歸冥土。每逢盂蘭會跳舞，墓上掛白燈籠，家門口掛彩色燈籠，用來照亮來訪的死者的路；這樣的習慣也養成了。

不過佛教對於國民的最大的價值，恐怕是教育了。神道的神官本來不是教育者。古時他們多半是貴族；即氏族的宗教上的代表者，因此他們根本想不到教育平民。佛教却將教育的福利施與萬人——不僅是宗教上的教育，連中國的藝術和學問也教給他們。不久，寺廟變成了普通的學校，或者有學校附屬在寺廟了。附近村莊的小孩子們，出了一點點眞是僅有其名的學費，學習了佛教的教義，漢學的知識，習字，繪畫，以及其他種種事情。差不多全國民的教育，逐漸在佛教僧侶的掌握中，其道德上的效果，非常良好。武士階級本來有特殊的教育法，但是武士階級的學者，還是努力在名僧之下完成其知識。皇室也聘用了僧人做侍講。在大衆之間，到處有佛教的僧侶做了學校的先生。僧侶爲了宗教上的任務和教師的職業，得到和武士同等的地位。日本人的性格中，有許多剩留着的最好的地方——吸引人的優雅之點——可以說是在佛教的訓練下發達的。

僧侶除了做教師以外，又執行過公共戶籍吏的公務，這是極自然的。一直到所有的領地奉還給天皇的時期以前，佛教的僧侶在國中執行宗教上及公務上的任務。他們保存村的記錄簿，必要時，交付了出生、死亡、或家系的證明書。

關於佛教給與日本的許多文化上的影響，稍想提供正當的思想，恐怕要著作很多的書。單述一般的事實，並概論其影響的諸結果，也幾乎不可能——因爲概略的說明，不能闡明全部事體的眞相。佛教在道德上，憑其力量，引起了比神道的所爲更大的希望與恐怖，對權威者給與了更大的力量，對一般人的教育是服從。佛教作爲教師，無論在倫理上或審美上，教育了最上級的日本人以至於最下賤的日本人。日本的藝術都是由佛教移植過來，或因佛教而發達的。又除了神道的祝詞和古詩的斷片以外，眞正有文學價值的，幾乎所有的日本文學，也可以說同樣的話。佛教傳來了戲劇、詩、小說、歷史、以及高尚的哲學。日本人生活的精華，都是佛教所傳來，至少其娛樂安慰的大部分是如此。甚至於在今日，在這個國內產生的有興趣的東西，或優美的東西，一點也沒有受佛教影響的，差不多沒有。要講述這個恩惠的過程，其最善而最短的方法，莫如說佛教將中國文化全部輸入日本，並爲適合日本人的要求起見，慢慢的加以改變，這樣說就够了。這個古舊的文化，不僅重疊在日本的社會機構上，它又巧妙地和它適合，完全地和它結合，結果連接縫也消失了。

社會組織

故斐克教授，在所著「宇宙哲學概論」中，會說明中國，古代埃及，古代亞叙利亞的社會，其說明頗有興趣。他說：「這些社會之與現代歐洲國家的姿態相似，正如石炭時代的沙羅木之與現在的外長莖植物相似。但這與其說是相似，不如說是同一，因此關於其發達的途徑，是非常相似的。」此說對於中國如果是眞實的話，那末對日本說，也是眞實的。古代日本的社會組織，不外乎是家族的組織——原始時代的族長式家族擴大而成的東西。現代西歐的社會，也都是從族長式的狀態發展而來的。希臘羅馬的古文化，也是這樣建立的；但其規模較小而已。不過歐洲的族長式的家族，數千年前，早已崩潰。氏族（Gens）和種族（Curia）分散而消滅了，本來分離着的諸階級，融合起來，到處，社會的整個改造慢慢地進行起來，結果，任意的協同代替了强迫的協同。以產業爲主的形式的社會發展起來，國家的宗教代替了古代的僅屬於一個狹小地方的祭祀。

先來看看古代日本社會的性質。其起源的單位，不是一家，而是族長式的家族——換言之，就是所謂同族（即氏族），是來自同一祖先的血統，或因共同的祖先禮拜——因祭祀氏神而在宗教上結合起來的數百個或數千個人的團體。上面已經說過，這種族長式的家族有兩個階級，卽大氏（大氏族）與小氏（小氏族）。小氏分自大氏，前者從屬於後者；因此結合了小氏的大氏的一團，大體可以和羅馬的種族(Curia)或希臘的種族（Flatori）相比。農奴或奴隸的大集團，大概屬於許多大氏。這些奴隸之數，在極古時代，大概也較氏族的人數為多。這些附庸階級的各種名稱，表示服役的階級及其種類。有表示屬於場所或一個地方的品部，表示屬於家族的家部，表示屬於領土的民部等，但其中更普通的叫做「民」。這從古時的意義來講，有「從者」的意思，現在用作英語的 folk 的意思。大多數人民既在服役狀態，故服役也有許多種類，這倒無可置疑。斯賓賽曾經指摘，要將奴隸制度和農奴制度的差異，完全照文字上加以區別，決不是容易的事情。因為特別是在社會的初期狀態，從屬階級的實在情況，並非依存於特權與立法的事實，而是依存於主人的性格和社會發達的實在情況。敍述日本的初期制度時，也很難分出這個差別。關於古代從屬階級的狀態，我們現在知道的還是很少。不過可以斷言當時實際上只有兩個大階級，卽居支配地位的寡頭政治及從屬的人民，這兩個階級當然又可以分做許多階段。奴隸在臉上或身體的其他部分，刺有記號，表示其所屬。這種文身的制度，在薩摩地方，一直殘留到近年。在這個地方，記號大概刺在手上，在其他許多地方，下層階級的人們，通常刺在臉上。在古代奴隸被買賣，一如家畜，或被主人當作貢物獻納，這個習慣常見於古代的記錄。奴隸是不許團結的，這點使我們想起羅馬人間的 Connubium 和 Contubernium 的區別，做奴隸的母親和做自由人的父親之間所生的孩子，也要做奴隸。（註）到了第七世紀，私人的奴隸被宣告為國家的財產，結果當時大多數奴隸——幾乎全部——不，恐怕是全部——被解放了，但其全部是工匠或從事於有益的職業的人。慢慢的成立了被自由解放的一大階級，但一直到現代，一般人民似乎大多數被置於近乎農奴的狀態。大多數人確實沒有姓，這可以認爲是過去做奴隸的證據。眞正的奴隸，用他們的主人的姓名登記，至少在上古時代，他們是沒有自己的祭祀的。明治時代以前，只許貴族，武士，醫師，及教師取姓，也許有兩三個例外。關於這個問題，還有一個奇妙的事情，這是故西蒙斯博士指出的，他指出隸屬階級蓄髮的式樣。一直到足利將軍的時代（西曆一三三四年），除了貴族，武士，神官，及醫師以外，所有的階級，剃去頭髮的大部份，梳了一個「丁髷」，這種頭髮的樣子，叫做奴頭或奴隸頭，顧名思義，可知這個習俗發生於隸屬時代。

註：在六四五年代，關於這個問題，孝道天皇會經公布了這樣的勅令：

「男女之法，良男良女所生之子，屬其父；良男娶婢所生之子，屬其母；良女嫁奴所生之子，屬其父；兩家奴婢所生之子，屬其母；寺廟奴隸所生之子，從良人之法；其他成爲奴婢者，從奴婢之法」——「日本書紀「孝道天皇紀。

關於日本的奴隸制度的起源，研究的餘地尙多。古來陸續移居日本的證據很多，至少在極古時代移居日本的人中，因後來的侵入者而陷入奴隸狀態者也有。朝鮮人和中國人遷居日本者也很多，其中爲了逃避遠較奴隸狀態惡劣的禍難，自願做奴隸的人好像也有。但這個問題，尙未明白。我們聽說在上古時代，被淪爲奴隸，是普通的刑罰，無力還債的人會淪爲債權人的奴隸，（註）盜賊被判決做被盜者的奴隸。不用說，隸屬的狀態，也有許多差異。奴隸之慘者，近乎家畜。但農奴之中，不許買賣，除特殊工作外，不許使用的也有。這些人似乎是主人的血族，爲了生活或避難，自願入奴隸狀態的。他們和主人的關係，使我們想起羅馬的食客及其保護者的關係。

註：六九〇年持統天皇發布的勅令，制定爲父者可將其子賣爲奴隸，但負債者只可賣爲農奴。

曰：「若有百姓，弟爲兄見賣者，從良。若子爲父母見賣者，從賤。若爲負債沒賤者從良，其子雖配奴婢，所生亦皆從良。」——日本紀。

在古代，武人階級的首領，由天皇任命爲暫時的總指揮，後來這些總指揮橫奪權力，世襲職權，遂成爲實際的Imperatores（大將軍）。他們的稱號將軍，西歐的讀書界也知道。將軍統御兩百個至三百個領域或地方的領主——領主的權力與特權，視其收入及階級而異。在德川幕府的治下，這些領主或諸侯，數達二百九十二。在這以前，各領主或大名在自己的領土上有着最高的支配力。耶穌教的牧師及古時荷蘭和英國的貿易商人等，稱這些領主爲「王」，毫不足怪。大名的專制，最初爲德川幕府的創始者所阻。家康將大名的權力大加限制，大名倘有壓制與苛酷之罪，如證明屬實，其領土即被沒收，其中當然有若干例外。家康將全部大名分爲三類：（一）三家或御三家，即「三高家」。（必要時，將軍之後繼者由這家族中選出。）（二）譜代。這是家康的家臣，因有功於家臣，被封爲領主者的名稱。（三）外樣。不屬於譜代者。其中譜代之數約二倍於外樣。此等大名中，最小者，其俸祿爲米一萬石（石之價値，隨時代而大有差異，一萬石約値一萬磅），最大的大名，即加賀的領主，食祿一百零二萬七千石。

大名之大者，擁有大小家臣，此等家臣各自又養有受過訓練的武士，即戰士，此外又有武人兼做農夫的特殊階級，叫做鄉士，有的鄉士，其特權與權力，大於大名之小者。鄉士大半是獨立的地主，是一種士民，但鄉士的社會地位，和英國的士民比較，有若干不同之處。

家康除改造了武人階級之外，又創設了兩三個新的小階級。其中較重要者，是旗本和御家人。旗本這個名稱，是「持軍旗者」的意思，其數凡二千，御家人約有五千。這兩個武人團體，構成將軍的特殊武力，旗本是收入多的家臣，御家人是收入少的家臣，兩者只因直接爲將軍服務，故居一般武士之上。所有階級的武士，總數約有二百萬。他們無須納租稅，並有佩帶兩柄刀劍的特權。

以上所述，僅係概要，但這就是將國民嚴格地支配過的武士階級的大體的制度。一般庶民的大多數，分爲三階級，卽農工商。

此等三階級中，農民身份最高，僅次於武士。實際上，武士多兼爲農民，而農民之中，有的人其地位遠較一般武士爲高——武士階級與農民階級之間，頗難劃一個界線。總之，農民的職業被認爲是有名譽的。農民的女兒，有的甚至於爲皇室服務——不過其職位是極低的。農民之中，被許帶刀的也有。在日本社會的上代，農夫與戰士之間，似無任何區別。當時身體强健的農夫，都受戰鬥的訓練，俾可隨時成爲戰士。這個情形和古代斯堪的那維亞的社會一樣。武士階級成立之後，農夫與武士的區別，在日本某些地方還是不顯明。例如在薩摩與土佐，武士從事耕作，一直到明治初年。又九州武士之優秀者，幾乎全是農夫，其强壯的體格與體力，是從事田園工作而得。其他地方，例如在出雲，武人被禁止從事耕作，山林雖可領有，但不許領有田地。有的地方，嚴禁武士從事其他職——商賈手工等——但允許其從事耕作……。無論在甚麼時代，戮力耕作，未嘗被視爲墮落。昔日天皇之中，也有寄興於耕作，躬自執耒耜的，赤阪離宮宛內，今日尙設有小稻田。依據太古的宗教傳統，御宛內所出的稻，其初穗由天皇親手刈取，在第九次祭日——新嘗祭（註）——追薦於神聖的祖先。

註：此日天皇親手將該年最初的絲及稻薦於天照皇大神。

農民之下，有工人階級，凡鐵匠，木匠，織工，陶工等所有手工業者，都包括在內。其中最高者爲刀匠，這是當然的。刀匠往往超越其階級，而居很高的地位。其中甚至於得到「守」這個很高的稱號者也有，稱爲領土或某地方之守，這是大名的稱號。因此他們自然受了天皇公卿等貴人的庇護。後鳥羽天皇，在自己的冶刀場親自精勵於製刀，這件事是很聞名的。一直到現代，鍛鍊刀身的期間，舉行宗教上的祭祀。

主要的手工業，都有同業公會，而工作通常是世襲的。

商業階級包含銀行家，商人，店主，以及各種貿易商人等，通常被視爲最低的階級。賺錢的事情，爲上流階級所輕視。收買因勞動而生產的物品，再賣出去，這樣來獲利的一切手段，被認爲是可恥的。身爲武將的貴族，當然輕視了商人階級。一般的武士階級，對於普通種種勞動，並不怎樣尊敬。不過在古代日本，農夫與工人的職業，並不受輕視，而似乎唯有商業被認爲是可恥的——這個差別，從一方面來講是道德的。將商人階級貶入社會組織的最下層，一定產生了異樣的結果。例如米商無論如何有錢，如果其家族原先不是其他階級的人，其地位便要在木匠，陶工，造船工之下，即使米商能夠僱用這些人，還是一樣。商人到了後來，因爲他的子孫以外的人也加入了他的階級，結果實際上商人階級自身也得救了。

國民的四大階級，即士農工商中，後三個階級統稱爲平民（庶民），平民皆從屬於武士，平民有非禮行爲時，武士有斬殺之權。但實際上眞正的國民是平民。生產國家的財富，造出歲入，負擔租稅，而維持貴族武士僧侶的生活者，實在是平民。僧侶和神官一樣，另成一個階級，但其地位不與平民等，而與武士齊。

這四個階級之外，還有最下級的人民，叫做非人。非人有其特殊的首腦，又有只屬其同伴的法律。從日本的社會被排斥出去的人，誰都能加入非人，一旦加入了非人，等於和普通世間的人告別了。政府也很賢明，並不去追究非人。非人的放浪生活，因此得到避免種種苦難的路。犯了小罪的人和不能營正當生業的人，既可以驅入非人之羣，就不必將他們投入牢獄，或想其他的方法了。無可矯正的人，住址不定的人，以及乞丐等，一旦成爲非人，等於受着一種制裁，因此政府事實上不必去監視他們。斬殺非人，不能認爲是殺人，因此只要罰一點錢就行了。

關於古代日本社會的狀態，讀者現在大概已經得到正確的觀念了。但其社會制度遠較我所能敘述的來得複雜。因爲非常複雜，這個問題倘要詳細加以論述，非數卷書不可。其顯著的特色，是沒有僧侶的眞正的政教政治；這是因爲政府決不與神道分離的緣故。佛教方面也曾有過完全脫離中央政權而樹立宗教上的政教政治的傾向，但這條路上遭遇了兩個致命的障礙。第一個障礙是佛教本身的狀態，即佛教分裂爲許多宗派，甲乙派互相反目。第二個障礙是武家氏族的頑固的敵意，他們嫉視直接間接對自己的政策有干涉能力的宗教的力量。一旦證明了外來的宗教，在行動的世界也有不可輕視的勢力，便採取了殘忍的手段，於是在十六世紀織田信長實行殘殺僧侶，這個恐怖的行動，熄滅了佛教在日本的政治上的希望。

從另一面來看，社會的構造和軍國型的一切古代文化的構造相似。一切行動，積極方面消極方面都有規定。一家支配個人，五個家族的集團支配一個家族，組合支配這個集團，領主支配組合，將軍支配領主。二百萬武士對生產階級全體，有生殺與奪之權，大名對於這些武士，有同樣權力，而將軍又支配大名，事實雖未必如此，但在名義上，將軍是隸屬於天皇的。有重大責任的地位，常因武力而被奪，或被變更。但由於政府的這種位置的轉變，貴族以至於庶民，都貫澈了有規律的訓練。生產階級之中，有無數結合——各種組合，但這些都是專制主義中的專制主義，極端的專制主義，各人爲其他人們的意志所統御，至於企業，商業也好，産業也好，離開了組合就不可能。個人如何受産業的束縛，上面已經說過，個人不得組合的許可，不能離開組合，組合以外的人，連結婚也辦不到。我們又知道了所謂外來者，就是古代希臘羅馬所謂外來者，換句話說，就是敵人 Aliostis，又知道只有得到宗教上的許可，方才可以加入其他的組合。

聰明的現代人很難相信可以在這樣的境遇中生活（像英國的領江威廉亞丹那樣，被家康引爲士的身分，而受某一個有力的主權者的庇護者，自屬例外），精神上肉體上不斷地受種種束縛，那就等於死……………。現在有人論日本人在組織力方面有異常的才能，又有人論日本人的「民主主義的精神」，以爲日本人適宜於所謂代議政體的證據，這不免混同了眞相和外觀。實際上，日本人對於自治體組織有異常的能力，這就是日本人不適宜於任何近代民主主義政體的最有力的證據。單看表面，日本的社會組織，和近代美國的地方自治體或英國殖民地的自治體間的差異，似乎很小，這樣來看，那末我們佩服日本社會的完全的自治訓練，自屬當然。然而兩者的眞差別，是根本的，很大的——其大只能以數千年的歲月來測度。其差異是強迫共同和自由共同的差異——根據宗教的最古形態的極端的專制主義的形態，和無限制的個人自由競爭的權利及高度發達的産業組織的結合形態的差異。

不過社會的倫理上的傳統，禁止犧牲同胞而圖個人利益的社會，要對社會的自治承認個人的最大自由和最大範圍的競爭企業的社會，實行産業上的生存競爭時，必將陷於非常不利的地位，這是很明白的。

我們會想像，如果精神和肉體不斷地受了一般强大的壓迫，便會覺得甚麼都乾燥無味，生活的一切方面都會變成陰鬱的劃一與單調。不過這種單調，只在組合的生活上是有的，在民族的生活方面是不存在的。最不可思議的複雜多彩，成爲希臘文化的特徵，同時也成爲日本的不可思議的文化的特徵。其理由兩者都是一樣的。爲祖先禮拜所支配的一切族長文化走向絕對劃一及統一的傾向，又受其聚合體本身的特質所妨礙。因爲聚合體決不能像蓋了印一樣成爲單一的東西。聚合體的各單位，卽構成宅的小專制的集合中的各個專制，互相十分嫉視，各自保守自己的傳統與習慣，閉關自守。由於這樣的情形，早晚在無數各種各樣的方面，發生藝術上，產業上，建築上，以及機械上的複雜多樣性。在日本，這種分化與專門化，被這樣維持，因此我們找遍全國，找不出習慣產業和生產手段明確地一樣的兩個村落……。漁村的習俗，恐怕是我所要說的最好的例。海邊各處，各種漁民部落，關於漁網和小舟的造法，各自有父祖傳下來的方法，各自採用特殊的方法。明治二十九年發生大海嘯，溺死者三萬人，流失村落計二十個，那時神戶各地都獻金賑災。抱着好意的許多外國人，收買了在各地製造的許多漁網和小舟，送到災地，好心想補救漁船和漁具的缺乏。後來才曉得這些禮物對於那些只用慣特殊的漁網和漁舟的東北地方的人民，毫無用處。後來又曉得各小村的漁業用具都不相同，各自需要他們特殊的東西。漁民村落的生活習慣上表現的這種差異，在其他種種手工業和職業上，也一樣的表現着。房屋的建造法，屋頂的蓋法，幾乎隨地而異。農業園藝的方法，井的掘法，布的織法，漆器陶器的製法，磚瓦的燒法，都不相同。幾乎每一個主要鄉鎮村落，都有一種特產，以此爲誇，並以出產地的地名名其產物，而這產物又和他地的產物不同。這種產業的地方特性，是祖先的祭祀加以保存並使之發達的，這點無須懷疑。人家以爲手工的祖先即組合的守護神，希望他的子孫以及禮拜他的人的製造品，要維持獨特的性質。個人的企圖雖會受組合的限制，但是各地方產物的特性，却受祭祀的獎勵。家族的保守性的想法，或組合的保守性的想法，對於該地方憑經驗而想出的小小的改良或修改，是加以默許的，但也許是由於迷信吧，對於接受由不同的經驗而得的結果，倒很小心的加以防止。

現在日本人在本國內旅行之樂，還是在研究各地方不同的珍奇特產物——找尋珍奇的——意想外的，想像不到的東西的歡喜。從朝鮮或中國借來的古代日本的藝術或產業，受了無數地方祭祀的影響，保守了奇妙的形態，並使它發達了。

忠義的宗教

『社會學原理』的著者說：「武家政治的社會，必需愛國心，蓋愛國心乃其社會勝利之絕對原因也。其社會必需忠義之念。由此發生服從權威之心。欲其社會從順，則其社會需要堅強之誠心。」日本人的歷史頗能證明這個眞理。在其他任何國民之間，忠義之念，未嘗如日本國民一樣與人感動，且未嘗有過如此異常之形態。又在其他任何國民之間，其服從心之培植，未嘗如此認眞——其信念乃出自祭祖的信仰。

讀者可以明瞭，孝道之教——孝道者，乃關於服從之家族的宗教也——如何隨社會之進化而擴展，又如何分成社會所要求之政治服從，及武將所要求之軍事服從——所謂服從，非僅從順之意，而是從心服從，非僅負責之念，而是守本分之情。由其起原思之，這種守本分的服從，本質上是宗教的。其表現於忠義之感者，尤有宗教性質，即不斷表現爲一種宗教性的獻身。忠義之念早經發達於武人之歷史中，吾人在最古的日本年代紀中，見有予人感動之例。我們又知道可驚嘆的故事，犧牲自己的故事。

家臣之所有物，不獨理論上，即實際上如身邊所有之物，家庭，自由及生命等，莫不授自其主君。家臣爲了主君，必須將這些東西的一部分或全部，徇其要求，欣然提供。而家臣對於主君之義務，並非主人一死即告消失，這和家人對於祖先的義務一樣。兩親之靈，必須其子孫供以食物，主君之靈，亦須受其臣下之禮拜。主君之靈，不帶一個從者，獨往彼世，是不可忍的事情。因此主君在世時曾仕於他的若干人，便要死而同往。於是在上古時代發生殉死之風，其初是義務的，其後是任意的。前章曾述，在日本，殉死在大喪禮中是不可或缺的。此風殘留至第一世紀時，從此時起，以燒粘土製成之人形，才代替了公然的犧牲。這種義務的殉死廢止之後，自願的殉死，猶存至十六世紀，成爲武權所附帶之一種習慣，前已言之。大名（諸侯）死時，其臣十五人至二十人切腹殉死，乃屬常事。德川家康曾企圖禁止此事。其著名遺訓第七十六條謂：

「主人死而其臣殉死事，非無古例，惟無聊其理，君子已誹作俑，直臣固無論矣，即陪臣以下，均着即制止之，倘有違背者，非忠信之士，其跡沒收，爲犯法者鑑。」

家康的命令，確能使其家臣之間一掃殉死之風，但他死後，仍舊發生，可以說又復活了。西歷一六六四年，將軍發訓令，宣言殉死者，不論何人，均予處罰。實際上，將軍執行此令頗爲熱心。有右衛門之兵衛者，犯此令，其主奧平忠正死，切腹以殉，幕府即將該自殺者家族之土地予以沒收，其子二人處死刑，其他充軍。値茲明治之世，仍常有殉死事，但因德川幕府的堅決態度，大體上已能阻止。從此以後，最忠烈的家臣，亦以依宗教方式而行犧牲爲通則。卽家臣遇其主死，落髮而入空門。

殉死之風僅表現日本忠義觀念的一面。殉死之外，還有同樣意義深刻的風習，例如武士獨有的自殺習慣，以此處罰自己，蓋係武士道之傳統也。作爲處罰的切腹，未嘗有過立法上的禁止令，這倒有明白的理由。這種自殺形式，上代日本人似未知道，因爲這種方法也許和軍事上的其他習慣一樣從中國傳來。古代日本人的自殺方法，普通是縊死，「日本紀」證明這點。最初以切腹爲一種風習或特權者，乃武士階級。以前敗軍之將，或守城之將遇敵包圍猛攻，乃自刃以免身辱敵手。這是至今遺留的習慣。允許武士切腹自殺，以免受死刑之辱，這種習慣在第十五世紀時，大概已經普遍通行了。此後武士以一言之命令自殺，成爲當然之本分。凡爲武士，均須服從這種規律似的法律，雖地方領主，亦不能或免。至於武士的家族，孩子們不論男女均被教以如何爲一身之名譽或爲主君之意志有所要求時，隨時有自殺之準備，及如何自殺之方法……婦女則不行切腹，而另有一種自殺的方法，卽以短刀一刃刺斷咽喉的動脈。至於切腹之儀式，其詳細情形，有密福特氏之譯文，爲世人所周知，筆者茲不另敘。惟有一重大事實，必須記憶者，卽所以要求武士之男子或婦女隨時準備泰然自殺之可能者，乃由於名譽及忠義之心是也。武士有所毀約（不得已者亦不能倖免），或負困難使命而失敗，或有失體面之過失，甚至於受主人愁眉一顧，亦充分成爲切腹之理由。諸侯之大夫，對主君之非行，百般設法矯正，心思殫盡而不果，則切腹以諫，亦係一種本分。其悲壯之風習，根據事實，編爲戲劇，流行於世間。武士階級之已婚婦女——直接爲丈夫，非爲主君——大抵以割喉自殺爲戰時維持名譽之手段，有時因夫死自殺，以誓貞節於其夫之靈（註）。處女亦然。其理由雖異，然武士之女往往入貴族家庭爲女傭，故該家冷酷之策謀，頗易陷女於自殺，又有爲忠於主君之婦而求自殺者。武士之女之爲人傭者，必須盡忠節於其主婦，一如普通武士之於主君。然則日本封建時代固多烈婦也。

註：日本道學者益軒曰：「女無領主，女須敬其夫，服從其夫」。

極古時代，官吏之妻遇其夫被處死刑而亡，則亦自殺隨夫，這似乎是當時的習慣。古代年代記中，此例頗多。此種習慣，或可以古代法律說明幾分，緣該法律規定罪人之家族，縱與犯罪無關，然亦須與犯罪者同樣負犯罪之責。然而爲妻者，既喪其夫，非爲失望，但爲希冀隨夫入冥土，俾能事其夫，一如生時，因是而自殺，固亦極當然之事。夫死，爲妻者亦須盡其義務，一如生時，爲此種舊觀念而自殺者，最近亦有其例。此種自殺，今猶依曩昔封建時代之規矩行之——此際自殺者衣白衣。最近中日戰爭時，東京曾發生此種驚人自殺事件。犧牲者爲戰士淺田中尉之妻，年僅二十一歲。此女聞夫死，立卽準備自殺。先依古例寫遺書與近親，收拾身邊物件，清掃家中，然後衣白衣，向客室正面鋪席，置其夫遺照於前，供以食物。準備就緒，卽端坐遺照前，持短刀一刺，咽喉動脈斷矣。

爲維持名譽而自殺之義務外，武士之女，又有爲道德上之抗議而自殺之義務。既如上述，最高級家臣之間，爲諫主君之非行　竭盡手段而不果，則行切腹，認此爲道德上之義務。武士階級之婦女，其所受家教，乃將已夫視作封建意味之主君，彼等對於丈夫之汚行，諫之以忠言，不納，則自殺以表明自己的本分。如此亦視爲一種道德上之義務。爲妻者尊崇此種犧牲之義務觀念，今猶嚴存，爲非難道德上之非行，不惜拋棄一已之生命者，最近亦有。明治二十五年，長野縣舉行地方選舉時發生之事件，最令人感動。一名石島之選舉人，初約定協助某候補人獲選，後竟違約而助反對黨某候補人。石島妻聞夫違約，卽身裹白衣，以昔時武士之方法自殺矣。此烈婦墓前，至今尚有地方人士獻以鮮花，香火不絕。

依君命而自殺，固忠義之士絕對不疑之義務也，然較諸另一充分爲世人所公認之義務，卽爲主君而犧牲妻子家庭，則似乎被認爲容易多矣。然而日本的著名悲劇，多取大名（諸侯）之家臣或一族之犧牲事件爲題材，例如爲拯救主君之子而犧牲已子者之故事（註）。此等戲劇作品，以封建歷史爲根據，其描寫事實，毫無誇張之點。此等事件，爲適合戲劇場面，情節固有所改編，或加以擴大，然其表現社會之大體光景，並不較過去之現實爲陰慘。世人至今猶喜此種戲劇，然而外國批評家對於此等戲劇文學，往往僅指摘其流血之場面，而謂此乃好血腥場面之國民性，卽日本人種固有之殘忍性之證據。但由我想來，日本人之喜歡這種過去的悲劇，乃日本民族所有深刻之宗教特質之證據，而此種特質乃外國批評家無時不努力企圖忽視者也。此等戲劇尚爲世人所歡迎，但其原因，非爲場面之可怖，而爲其道德上之教訓，爲犧牲與勇氣之義務，卽忠義之宗教之表現。此等戲劇表現着封建社會之犧牲殉難之最高理想。

註：參看東京長谷川出版有美麗插圖之戲劇「寺小屋」之譯文。

忠義之精神，以種種形式表現於封建社會。弟子忠於師傅，夥計忠於老板。一如士之忠於領主。到處有信任。蓋到處主人與傭人之間有同樣之感情，卽相互之義務是也。任何買賣，任何職業，都有忠義之宗教，卽一方必要時要求絕對服從與犧牲，他方則要求愛護與扶助。而死者之支配臨乎一切之上。

對殺害長親或主君者，實行報仇，此種社會上之責任，與爲君親而死之義務同樣，起源甚古。未有確定社會之時代，此種義務已經存在。日本之最古年代記中，復仇義務之例頗多。其後儒教益加確認此種義務。教人與殺害君親兄弟者，不共戴天，又規定近親之等級及其他關係，凡屬其等級內者，報仇之義務，不可逃避。儒教早成爲日本支配階級之道德，於今亦然，此事須加以記憶。儒教之全體係建於崇拜祖先之上，可謂係孝道之擴大完成，此點已述前章。故儒教與日本道德之實際完全一致。日本武權發達時，關於報仇之中國法典，亦普遍被公認，及至後世，法律上及習慣上亦加以支持。德川家康亦支持之，惟有一條件，即欲報仇者，須先將申請書，送呈有司。

無論親，近親，君主，師傅，皆必須有人爲之報仇。小說戲曲以婦女報仇爲題材者甚多。被害者之家族中，無男人爲之報仇時，由婦人孺子代行此義務之例，事實上頗多。弟子亦爲其主人報仇，朋友之間亦須互相爲之報仇。

報仇之義務，何以不限於骨肉血親之範圍，其理由可由其社會之特殊組織說明之。吾人已知其族長的家族乃一種宗教團體，又知家族之結紐，非出自自然愛情之結紐，而係根據祭祀之結紐，又知一家對於組合（小社會）之關係，組合對於氏族之關係，以及氏族對於部族之關係，同樣係宗教關係。由其必然之結果，報仇之習慣，既係骨肉血親之責任，同時亦受家族，組合，及部族所生之祭祀所規定，更隨中國道德之輸入，武權之發達，作爲義務之報仇思想，範圍遂廣。雖屬養子義兄弟，其所負責任，亦與親生兒子骨肉兄弟相同。又師傅之於弟子，其關係等於父子。毆打已父，其罪當死。毆打師傅，法律上亦屬同罪。此即孝道之義務推及「精神上之父」者也。此外亦有此種擴大推衍。無論日本中國，凡此種事情之起源，均可上溯祖先之崇拜。

任何講述日本舊風俗之書，均未正當主張報仇本有宗教的意味。舊社會中報仇之一切習慣，起因於宗教，此事人多知之。日本之報仇事件，至今猶保持其宗教的特色，吾人對於此一事實，最感特殊興趣。報仇確係一種安慰死者之行爲，報仇後之儀式——即將敵人之首作爲慰藉物而供於被害者之墓前——可爲明證。此儀式中，最令人感動之特徵之一，係往昔報仇雪恨後向亡者之靈所作報告。此種報告，有時以口頭爲之，有時則以文筆爲之，而文章有時留於墓上。

讀者中，不識密福特氏所著頗有趣之「舊日本故事」，及其所譯「四十七士」之故事者，恐怕沒有。但多數人知否洗滌吉野上野之介之首，究有何種意義，又爲亡君報仇而久伺機會之勇士，其所呈與亡君之報告，究有何種意義者，則余以爲頗有疑問矣。該報告，余將引自密福特氏之譯文，係供諸淺野公之墓前者也。該文今尚保存於泉岳寺。其文曰：

「元祿十五年，歲次壬午，十二月十五日，進死臣大石內藏助以至於步卒寺坂吉衛門等，都四十七人，謹奉告於亡君之尊靈曰：去年三月十四日我君刃傷吉良上野介事，臣等不審其詳，然我君遭生害，上野介則存命，公裁既畢，臣等雖知非君所願，然臣等食君之祿，不共戴天之義，難以默止，然而請纓無主，晝夜惟有感泣，縱空抱恥以逝，終無詞以對於泉下，同志等乃奉繼尊志，以待今日，一日如三秋。四十七人赴雨踏雪，一二日始得一食，老衰病身者有之，然恐失之交臂，彌增我君之恥，爰於昨日夜半，赴上野介宅，擒之來此，此短刀係先年我君所秘藏，今奉還我君，墓下有尊靈，曷來手斬，以洩鬱憤！臣等四十七人敬白」

由此觀之，四十七人報告淺野公，視其如生人。敵人之首，洗滌乾淨，與九寸五分之短刀同供於墓前。該短刀係淺野公因幕府之命令用以切腹者，其後大石內藏之助斬吉良上野之介首時所用。今供諸淺野公墓前，呼其靈來斬其首，俾永久息靈之怒，以雪其忿。其後四十七人全部奉命切腹，以死隨其主君，葬於主君墓前。彼等墓前，每日有景慕其忠義者，來供香烟，垂二百年以上。

倘要充分了解此忠義之故事，必須居住日本，而與古日本生活之眞精神接觸，但曾讀密福特之翻譯及可靠文件之譯文者，皆言其讀後感動不已。此報告文尤令人感動，蓋文中所表現之情誼與信義，以及義務觀念之及於現世以外者，特令人感動也。復仇一事，由我近代倫理觀之，必受非難無異，然爲主君報仇之日本故事，固有其可敬佩之一面也。吾人讀此等故事而感動者，乃由於與普通復仇無關係之某種表現，卽報恩，克己，視死如歸之勇氣，以及對於不可目睹者之信仰之發露。此點無論有無自覺，係受其宗敎的性質所感動者也。單純爲個人之報仇，卽爲個人受害而抱執拗之報仇觀念，固能傷吾人之道德感情，蓋吾人所受之敎，認爲此種報仇情緒，係屬單純之獸性，卽表示人類共同具有下等之動物性，但爲報答已死主人之恩以及其義務感情而爲之報仇故事，足能引起吾人崇高道德上之共鳴，以及訴諸吾人對於無私之心，熱誠，以及不變之情誼之壯烈感情。而四十七士之故事，固係屬於此類故事之一也。

但有一事，須待吾人記憶者，乃殉死，切腹，報仇此三種可怕的習慣中表現最高之舊日本忠義之宗敎，其範圍至狹小，蓋此種習慣受社會組織所限制也。國民通過種種集團，到處爲性質相同之義務觀念所支配，然各人之義務範圍，不出於各人所屬氏族團體之外。凡爲家臣者，須有隨時爲自己之主君犧牲之決心，但除非直接屬於將軍之旗下，對於幕府，則並不以爲必須同樣犧牲自己。其祖國，其鄉土，及其世界，僅限於其主君之領地內。在其領地以外，其人僅屬一流浪者而已。故無主君之武士，謂之浪人。在此狀態下，對天皇忠誠之念，對國家義務之感——此卽近代所謂愛國心，而非昔時狹義之愛國心——未可謂爲充分。遇有共同之危機，或全民族之危險，——例如蒙古人所企圖之征服日本——果眞一時喚起愛國感情，但除非如此，此種感情不大獲有發達之機會。伊勢之祭祀，因表現與氏族或部族禮拜不同之國民宗教，但任何人所受之教，認爲第一條義務對於自己之領主，人不能任貳主，而封建政府實際上抑壓頗力，不使稍有此種傾向。各人將其心身完全獻給領主，故除對於領主之義務外，對天皇國家忠誠之觀念，未嘗有機會顯示於家臣之心。

至少幕府崩潰前爲如此。德川家光時代，諸侯赴江戶時，嚴禁接近皇居，受天皇命定而往時亦然。彼等又被禁止直訴於天皇。幕府之政策，在於完全阻止京都宮廷與諸侯間發生直接交涉。此政策得以防止陰謀二百年間，但又同時防止了愛國心之發達。

而此理由，正係日本受西洋之侵入而遭遇危機時感覺廢除大名制度爲最重要之原因也。絕大之危機，要求社會各單位一致團結，俾能統一行動，氏族及部族集團必須永久解散，一切權威須直接集中於國民宗教之代表人，卽須廢除服從地方領主之封建義務，而永久服從天津大君。在一千年間之戰國時代養成之忠義之宗教，並不容易拋棄，倘能適當加以利用，可成爲價値無量之國家至寶，倘有一賢明之人，使之趨向一賢明之目的，卽能成爲可演奇蹟之道德力。維新對之亦無可如何，但方向與形式之改變，則獲成功。於是趨向更高之目的，向巨大之需要擴大，而成爲信任與義務之新國民感情，卽近代的愛國心。三十年之間，這愛國心究竟演出了怎樣的驚異，世界今可知之，而將做出如何更偉大之事情，今後將可知之。惟有一事確實者，卽日本之將來必須爲自昔由死者之舊宗教發展而來之忠義之宗教所支持。

耶穌教徒之禍

第十六世紀的後半，是歷史上最有興趣的時期，其理由有三：第一，在這個時代，出現了信長，秀吉，家康等英雄；這種人物是只當一個民族遭遇最大危機時才產生的，而其出現，需要無數年代以及種種環境的特別配合。第二，這個時代所以重要，是因爲古代的社會組織，在這個時代始告完全完成。即所有氏族的支配，具備一定的形式，統一在一個中央武權政府之下。最後，這個時期所以特有興趣，是因爲企圖使日本基督教化的最初的計劃的一個事件——耶穌教派權力的興亡故事——恰巧屬於這個時代。

這一個插話，在社會學上的意義，頗爲重大。日本的安全所受的威脅中，最大的危險，是葡萄牙的耶穌教徒傳入了基督教。日本用不客氣的手段，犧牲了無數損害以及數萬生命，好容易才擺脫了這個禍難。

基督教這個頂麻煩的東西，給撒維厄及其宗徒輸入日本，是在織田信長努力集中權力以前的大戰亂時期。撒維厄在西曆一五四九年在鹿兒島登陸，到一五八一年時，耶穌教徒們在日本已經擁有兩百多個教會了。單是這個事實，也足够表示這個新宗教的傳播，如何迅速。由此看來，這個新宗教好像有着擴展到整個日本的命運了。

一五八五年，羅馬迎接了日本的宗教使節。那個時候，幾乎有十一個大名——耶穌教徒稱他們爲「王」，這未必可以說是不當——歸依基督教。這些大名中，極有勢力者，也有幾個。這個新的信仰，又迅速侵入一般人民之間，可以說眞的漸漸獲得「人望」了。

信長一旦掌握了權柄，他就以種種方法優待了耶穌教徒——信長做夢也沒有想要做基督教徒，因此他優待耶穌教徒，並非由於同情，而是因爲他以爲可以利用他們的勢力對抗佛教。和耶穌教徒本身一樣，信長爲了達到自己的目的，是肯採取任何手段的。他比威廉征服王還要沒有慈悲，他當自己的哥哥和舅舅反對他的意志的時候，毫不客氣的殺死了他們。信長單從政治上的理由，對外國僧侶加以援助與保護，使他們的勢力發展，結果他終於後悔了。古賓斯在其所著「基督教輸入中國日本槪觀」中，由日本書「伊吹艾」引用關於這個問題的一段，頗有興趣，其文曰：

「信長現在開始後悔准許基督敎輸入的他以前的政策了。於是他召集羣臣道：『此等佈敎師，以金錢與人，勸其加入其宗敎，此種方法，頗不愜余意。余等倘將南蠻寺（南方野蠻人之寺也，日本人昔時對葡萄牙人之敎堂作如是稱呼）毀壞則如何。汝等以爲何如？』前田德善院回道：『毀壞南蠻寺，今已不及。今日費力阻止此宗敎之勢力，猶如力阻大海潮流，徒勞無功。公卿大小諸侯，莫不歸依此敎。我君今日謀絕此敎，亂必起於我君家臣之間。故臣意以爲毀壞南蠻寺之圖，應予以放棄。』信長於是深悔他過去對基督敎的政策，而開始考慮如何方能根絕它了。」

一五八六年，信長被暗殺，此事一說以爲由於他延長了容認異敎的時期。繼承他的豐臣秀吉，斷定外國宣敎師的勢力是危險的，但那時他專心於另外一個大問題，即實現武力的中央集權，以使國內和平。不過耶穌敎徒在南方諸國所取的極端偏狹的態度，自己已經製造了許多敵人，這新信仰的殘忍行爲，使人們發生了報仇心。我們在佛敎的歷史中，看到改依耶敎的大名，焚燒數千佛寺，破壞無數藝術作品，以及殺戮佛僧的記錄。我們又知道耶穌敎派的文人，讚賞這些宗敎戰爭爲神聖的熱情的證據。最初，這個外來的信仰，只去說服人家。但後來，在信長的獎勵下得到權力後，變成强迫凶暴的東西了。對於這個事情，在信長死後約一年，便開始發生了一種反動。一五八七年，秀吉破壞了京都，大阪，堺等處的傳道敎堂，又將耶穌敎徒逐出京都。翌年，他命令他們集中在平戶的港口，準備退出日本。但他們自以爲勢力强大，不必服從這個命令，於是不離開日本，而分散在各邦，投身於許多基督教徒的大名的保護下。秀吉當時也許認爲將這事情擴大下去，不是善策。而基督教徒們，也安分守己，不作公開的傳教了。他們這樣忍耐，一直到一五九一年，是對他們有益的。那一年西班牙的法蘭西斯哥派的教徒抵達日本，事情爲之一變。這批法蘭西斯哥派的教徒，陪同由菲律賓羣島而來的使節抵達日本，以不復佈教爲條件，獲得駐留在日本的許可。不料他們不守諾言，恣意不法，引起了秀吉的憤怒。秀吉乃決心懲戒他們，於是在一五九六年，他將六個法蘭西斯哥派的人　三個耶穌教徒，和幾個基督教徒，拘禁在長崎，在那裏處以磔刑。豐臣秀吉這個對付外來信仰的態度，有了促進反對這個信仰的氣運的效果——這個反對，當時已經在各國出現。但是在一五九八年，秀吉一死，耶穌教徒們又抱着有幸運來臨的希望了。他的承繼者，即冷靜深慮的德川家康，使他們抱着希望，甚至於准許他們在京都，大阪，及其他地方恢復傳教了。他正在準備關原之戰，他知道基督教徒在分裂着，其首領有的是擁護他的人，有的却擁護他的敵人，因此對基督教採取抑壓政策，時機尙未成熟。但至一六〇六年，他將自己的權力基礎使之鞏固後，便發出佈告，禁止佈教事業繼續進行，同時宣言歸依外來宗教者，必須放棄其信仰。這樣他最初聲明斷然反對基督教，但佈教還是繼續進行——最初只有耶穌教派的人傳教，後來多密尼克及法蘭西斯哥派的人也進行傳教了。當時日本國內的基督教徒的人數，雖然是非常誇大的數目，據說將近兩百萬人。但家康在一六一四年以前，並沒有採取任何嚴重的壓迫手段，也不許採取這種手段，但可以說，就從那個時候起開始了大迫害。在這以前，只有各地諸侯的只限於局部地方的迫害，並非中央政府所施行。例如九州的地方性的迫害，是當時權力達於絕頂的耶穌教派的偏心所招致的自然結果。其偏心的事實，就是改宗的大名燒燬佛寺，殺戮佛徒。此等迫害，在佛教因耶穌教徒之煽動而所受迫害最厲害的地方——例如豐後，大村，肥後等處——最爲殘酷。但一六一四年以來——此時全日本六十四州中，只有八州未受基督教侵入——禁壓外來信仰，成為政府之政策，其迫害有組織地不斷地進行，基督教的一切表面上的痕跡，終於消失了。

因此佛教的命運，被家康及其後繼者眞正決定了。這是家康特別注意的事情。信長，秀吉及家康，時機雖有快慢之分，但後來都對這個外來的佛教懷了疑念，但只有家康一個人具有處理佛教所引起社會問題的機會和能力。連秀吉也怕採取廣大範圍的嚴格的壓制手段，會引起政治上的困難問題。家康也躊躇了許久，其躊躇的原因，當然複雜，主要是外交上的理由。他決不是躁急要實行的人，又決不是為一種偏見而動的人，又在我們所知道的範圍內，他又決不是膽小的人。當然，他一定認識了要去絕滅擁有一百萬以上——這個數目當然有點誇大——信徒的宗教，決不容易，當然有很大的困難。引起不必要的災害，這是有反他的性格的事情，他一向富於慈愛，表示他是庶民之友。但同時他是一個經世家，愛國者，這比任何都重要。因此他的主要問題，一定是外來信仰和日本政治社會狀態的關係，將來是怎樣的。這個問題，需要長期的耐心的調查，而他對於這件事情，好像儘量加以注意。他和他的後繼者們，對基督教勵行的嚴重法令——該法規確實維持了二百有餘年——未能完全滅絕這個信仰，這個事實證明基督教的信仰如何根深蒂固。表面上，基督教的一切痕跡，從日本人的眼前消滅了，但在一八六五年，長崎附近發見了一種團體，這個團體將羅馬教的禮拜儀式的傳統秘密保存於其一派之中，關於宗教上的事情，一直使用葡萄牙語和拉丁語。

若要正當批評家康——最機敏而又有人情的經世家之一——的這個決斷，必須從日本人的立場去想使他不得不採取這種行動的根本原因。他一定洞悉耶穌派在日本的陰謀，因爲陰謀中危及家康生命者也不少，但他好像與其說考慮了這種陰謀要發生的單純事實，不如說考慮了這陰謀的最後目的及其實際。宗教性的陰謀，在佛教徒之間，也很平常。這種陰謀妨礙國家的政策或安寧秩序時，固當別論，如非這樣，差不多引不起幕府的注意。但宗教陰謀，其目的在顚覆政府，或以一個宗派占有一國，這事倒要嚴重加以警戒。信長對於這種陰謀的危險，向佛教徒給與了嚴厲的教訓。家康斷定耶穌教派的陰謀，具有包藏最大禍心的政治目的。但他比信長更要忍耐。一六〇三年，他將日本諸州完全置於他的威力之下。但從此經過十一年之後，他方才發出了最後的佈告。這個佈告，坦白說明外國佈教者，企圖攫取政府，領有日本國：

爰吉利支丹（譯註）之徒黨，適來於日本，非啻渡商船而通貨財，叩欲弘邪法惑正宗，以改域中政號作已有，是大禍之萌也，不可有不制矣。日本者，神國佛國，而尊神敬佛……彼伴天連（註一）徒黨，皆反叛政令，嫌疑神道，誹謗正法，殘義損善，……實神佛敵也，急不禁，後世必有國家之患，殊司號令不制之，却蒙天譴矣。日本國之內，寸土尺地，無所措手足，速掃攘之。強有違命者，可刑罰之。……一天四海宜承知，莫違失矣。（原文）

譯註：吉利支丹，卽葡語Chriatao之譯音。

註一：伴天連，卽葡語 Padre之譯音，不問宗派，汎指所有羅馬舊教之僧侶而言。

註：右宣言，文頗長，沙多氏之譯文載於Transaction of the Asiatic Society of Japan（「日本亞細亞協會」第六卷第一部）

這文件對基督教徒明確地非難着兩點，卽在宗教的假面具下橫奪政權的陰謀，以及對日本固有的神佛的偏心的排斥。排斥神佛一事，在耶穌教徒自身所寫的東西裏面有充分的證明。至於揭發其陰謀，稍難證明。但若有機會的話，羅馬舊教的諸教團，既能在改信基督教的諸侯領地內管理地方政府，那末將同樣企圖管理整個中央政府，這是誰都能首肯的。而且發出這個佈告時，已經得到種種情報，因此家康一定非常憎恨羅馬舊教。——即西班牙的征服美洲，西印度人種滅種的傳說，荷蘭的迫害，以及其他各處關於宗教裁判的消息，腓力浦二世征服英國的計劃，大艦隊接連兩次失敗的消息等，一定都聽到的。這個佈告在一六一四年發出，而家康早已在一六〇〇年知道了以上兩三件事情的機會，即在那年，有一個領港的英國人叫威廉亞丹斯的被人委託一隻荷蘭船，抵達日本。亞丹斯在一五九八年踏上了這個多事的航海。那年正是西班牙的大艦隊最初敗北後的十年，第二次艦隊全軍覆沒後的一年。他見過偉大的伊利莎白女王——那時還在世——的全盛時代。他大概看過塞馬，特萊克，霍金斯，佛洛比夏，以及一五九一年的英雄格倫維爾爵士等。因爲亞丹斯是肯特人，「曾經做過女王陛下的船的船長以及領港的人……」。剛才說過的荷蘭商船，一到九州，就被拘留起來，而亞丹斯和他的船員被豐後的大名監禁起來，這件事情呈報到家康那裏去了。葡萄牙人的耶穌教徒們看見這些新教徒的船員到日本，認爲是重大事件了。因爲耶穌教徒有特別的理由，懼怕這些異端者和日本的統治者會見的結果。而家康也偶然重視了這件事情。他下令將亞丹斯押到大阪的他的跟前。關於這件事情，耶穌教徒所懷抱的邪念，未能逃過家康的銳眼。據亞丹斯自己的筆述——亞丹斯決不是說謊的人——他們再三企圖殺掉船上的人，他們又在豐後恐嚇船員中兩個惡棍，叫他們造出僞證（註一）。亞丹斯記着：「耶穌教徒們和葡萄牙人們，將誹謗我和其他的人的證據呈送給皇帝（指家康而言），說我們是從各國而來的强盜，又說如果讓我們活着，一定不利於殿下及國土。」然而家康好像爲了耶穌教徒想要除滅他的狠心，反而對亞丹斯方面多抱着好意了。所謂除滅，據亞丹斯說，就以「處以磔刑」，這是「和我國的絞刑一樣，是日本刑罰的風習」。亞丹斯說，家康回答他們，卽「我們（亞丹斯等）對他和他國中的任何人，都從未加過危害、或損害。因此他殺我們，是違反道理和正義的」……。未幾，耶穌教徒們最擔心的事情發生了——他們用恐嚇、讒謗，以及盡其所能的陰謀企圖阻止而終於無效的事情——卽家康和異端者居然會面了。他記着：「這樣我一到他（家康）跟前，他就問我，我們是那一國的人。我便將一切事情告訴給他，因爲各國間的戰爭與和平，他都來質問；但是詳細的事情，如果記在這裏，恐怕太冗長了。 那時我受了很好的待遇， 但和我一起來的一個船員和我暫時被監禁了。」我們據亞丹斯的其他的信，知道這次會見一直繼續到夜晚、而家康的質問，好像特別有關政治和宗教方面。亞丹斯說：「他問我國有沒有進行戰爭。我便回答正和西班牙及葡萄牙打仗——因爲和其他所有的國家都是和平的。他又問我信仰甚麼。我說相信造了天和地的神。他又問了宗教方面的其他種種事情，以及其他許多事情，例如我通過怎樣的路到日本。我因爲帶着全世界的海圖，便告訴他我是通過麥哲倫海峽而來的。他很驚異，不相信我的話。像這樣，話一件件的說下去，我在他跟前一直到深更」……這兩個人好像一見而互相愛好了。關於家康，亞丹斯特別這樣說：「他諦視着我，好像十二分的帶着好意。」兩天之後，家康又將亞丹斯喚到跟前，詳細問他耶穌教徒企圖隱瞞的事情。「他問我國和西班牙及葡萄牙的戰爭，以及其原因。我一一說明給他聽，好使他完全能夠了解。我自以爲他聽了很歡喜。末了，他又下令將我監禁起來，但我住的地方，比以前好了」……。從此以後，差不多有六個星期之間，亞丹斯沒有見到家康。但不久又第三次受了詳細的質問。結果，他得到自由，並受恩顧。從此家康時常把他招來談話。不久，我們聽到他「湊合幾何學上兩三點，數學的理解，以及其他種種事情」來教這大經世家了……。家康送他許多的禮物和充分的俸祿，委任他建造兩三隻航行深海用的船。這個領港，於是變成一個武士，而有所領了。他這樣寫着：「因為被皇帝任用，他對我像英格蘭的貴族一樣，授我以祿，並加上八九十個農夫，這可以說是我的奴隸或傭人。這樣的事情，或同樣的先例，在這個國家從來沒有給與過任何外國人。」……亞丹斯所受家康信任之厚，看英國商會柯克的通訊，可以證明。柯克在一六一四年寫信回國，說到亞丹斯：「說實在話，皇帝是很尊重他的。他隨時都可以去參謁，當諸王及諸公子退座的時候，也可以和他談話。」英國人所以能夠在平戶建設商會，是為了這個信任（註二）。在第十七世紀的故事中，沒有再比這個白面英國領港的故事珍奇的了。他除了沒有矯飾的誠實和常識之外，再沒有可以幫助他的東西。而他卻從日本所有統治者中最偉大而又最機敏的人，受了如許格外優渥的待遇。不過亞丹斯終於沒有被允許回到英國。這大概是因為他的服務，被認為是再貴重也沒有吧。他自己在信裏說，家康對於他的請求，甚麼都決不拒絕，只有回國的特權，不得准許。他頻頻請求得過於嚕囌時，這個「老皇帝」沉默起來，甚麼都不講了（註三）。

註一：「葡萄牙人每天煽動有司和老百姓，企圖使他們的憤怒轉向到我的身上來，我們的同伴中，有兩個人背叛了我們，跟一個王（大名）去做事情，這是因為葡萄牙人保證了他的生命，因此甚麼事情都和他們來共謀了。其中一人叫康寧，他的母親住在密德爾保羅。他又自稱為這個船中所有貨物的貨主。另一個叫奧俄泰。這兩個背叛者，為想將貨物據為己有，使盡手段，將我們在航海中發生的一切事情告訴給他們。我們到日本後的第九天，這個國的大王（家康）要提我們去見他了。」——亞丹斯致妻書。

註二：「由於上帝的聖意，發生了世上的人一定會覺得奇怪的事情。西班牙和葡萄牙原來是我的不共戴天的惡敵，但現在他們要來求我這個卑賤而可憐的人了。西班牙也好，葡萄牙也好，他們的一切交涉，都要通過我去辦理才行」——一六一三年一月十二日亞丹斯的信。

註三：他對陰謀殺他的人也是寬大的。亞丹斯這樣說：「我中了他的意，我說的話，他甚麼都不反對。我從前的敵人都覺得奇怪。現在，他們要來懇求我將我給與西班牙人和葡萄牙人的友誼，同樣地給與他們了，這就是以善報惡。我這樣過日子，起初很感覺到困難，但上帝來報答我的辛苦了。」

亞丹斯的通訊，證明家康爲了得到外國宗教及政治情形的直接知識，是不辭任何方法的。至於日本國內的事情，他能够將差不多古來最完全的秘密制度自由自在地應用。事實上，他那時發生的一切事情，他都知道。而他爲了發出他的佈告，等了十四年，已如上述。秀吉的佈告，事實上在一六〇六年給他復活了。而這是特與基督教的公開傳教有關的。只要傳道師們表面上服從他的法律，他就讓他們留在自己的領地內。他處雖有迫害發生，但同時祕密的佈教也在進行，傳道師們還能抱着希望。不過像暴風雨前的寂靜一樣，總覺得有威脅存在。船長沙利斯在一六一三年從日本寄信來，記着極暗示的傷感的一件事情。他說：「我准許許多比較上流的婦人進我的船室來。那室中有一張維納斯帶着小邱比德的畫的大框子，有點懶散地掛着。他們以爲這是馬利亞和他的兒子，跪在地上，恭恭敬敬地禮拜它。並向我，怕給人聽見似地，低聲說道：我們是基督教徒。我們因此知道她們是給葡萄牙的耶穌派改宗的基督教徒。」……據亞丹斯的通訊，家康最初採取强壓手段的時候，其對象並不是耶穌派，而是更無法的某一個教團。他說：「一六一二年，法蘭西斯哥派的所有教派受彈壓了。耶穌教派有着特權……因爲他們在長崎。只有這個長崎，是一切教派可以自由行動的地方，其他地方並沒有這樣的許可……」。羅馬舊教在這個法蘭西斯哥派的事件後，再得到了兩年的恩典。

家康為甚麼在其遺訓及其他地方將這宗教稱為「虛偽腐敗的宗教」，這是值得一想的。從遠東的立場來看，經過公平的調查後，他不能不這樣斷定。這個宗教和建立日本社會之基礎的一切信仰與傳統，是根本反對的。日本國家是仰奉現人神天皇的宗教團體的集合。所有這些團體的習慣，具有宗教法律的力量，所謂倫理，就是服從習慣，所謂孝，是社會秩序的基礎，而忠義觀念本身，也出自孝道。但這西歐的信條，卻教大夫離去其雙親而就其妻，仔細的看，認為孝道是劣等的道德。據其所宣言，對於兩親、主人、統治者的義務，只在其行動不違反羅馬教義的範圍內，是可以允許的義務，至於從順的最高義務，不是對住在京都的天子，而是對羅馬的法王。神佛兩者，從葡萄牙及西班牙而來的傳道師們沒有呼為惡魔嗎？這樣的教義，他們無論怎樣巧妙地加以辨解說明，的確是攪亂國家的東西。而且作為社會力量的信仰的價值，必須從其成績加以判斷。可是在歐洲的這個信仰，是擾亂、戰亂、迫害、殘酷的蠻行的不斷的原因。其在日本，這個信仰也釀成大動亂，煽動政治陰謀，而引起了不可量計的災害。將來發生政治混亂的時候，一定會認為子不從順於父母，妻不從順於夫，臣不從順於領主，領主不從順於將軍為正當。政府的最高義務，現在是强制社會秩序，維持和平與安全之狀態。眞的，如果沒有這個和平與安全的狀態，國家決不能從長年鬥爭的疲弊中恢復過來。但在這外來的宗教，攻擊秩序的基礎，而專心於顚覆它的時候，決不能有甚麼和平可言……。家康發出他那著名佈告的時候，他心中一定已經有了這樣的確信。我們只奇怪他為甚等了這麼許多時候吧了。

家康這個人是甚麼事都不肯中途馬虎了事的人，因此他在等待基督教中沒有了能幹的日本人指揮者，這是很可能的。一六一二年，他收到基督教徒在佐度的島（給四人工作的鑛山）陰圖不軌的報告。這個島的支配者，叫做大久保的人，被誘惑而信仰基督教，如果這個計劃成功的話，便預定由他做日本的統治者。但家康還是等待機會。到了一六一四年，基督教已經失去了希望，連指揮者大久保也沒有了。在十六世紀改宗的大名，或已死亡，或被沒收領地，或被放逐。基督教徒的有力的武將們，也被處刑了。主要的基督教徒中，其碩果僅存者，也有人監視，實際上無所措其手足。

外國宣教師和日本傳道師，在一六一四年宣言之後，也沒有受到殘酷的迫害。他們之中，約有三百人，坐船送到外國去了。其中也有政治宗教陰謀嫌疑的許多日本人。例如被耶穌教派的文人稱為「Ukondono」的，過去明石的大名高山石近，也是其中的一個。他以前也因為同樣的理由，被豐臣秀吉沒收其土地，革去其官職。家康不採取不必要的嚴罰主義。不過他採取比較這嚴厲的手段，就一六一五年發生事件之後——就在發出那張佈告後的一年。秀吉將其子託給保護的家康，代秀賴而取得天下——這對日本却是好的。家康盡其所能照顧秀賴，但要將日本的政權交給他的心思，家康倒絲毫也沒有——因為這決不是二十三歲的年輕人所能負荷的事情。雖有種種據說秀賴也有關係的政治陰謀，家康還是將許多的歲入和日本最堅强的城，即秀吉的天才造成了固若金湯的堂堂的大阪城，交給秀賴，秀賴不似其父，愛耶穌教徒，使大阪城變成這個「虛偽腐敗的宗派」的信徒的避難所。家康旣接到政府的間諜的報告，說大阪城內正在計劃陰謀，他便決心予以一擊，而他眞的發動嚴厲的攻擊了。據守大阪城者，雖作殊死戰，但終于不支，秀賴在火中自殺。據說這次攻城，犧牲了十萬生命。亞丹斯對于秀賴的命運和他謀反的結果，這樣記着：

「他和皇帝戰爭了……耶穌教徒們和法蘭西斯哥教派的教團僧侶們，使秀賴相信必定會得到奇蹟，和不可思議的恩惠，而參加戰爭了。但結果，適得其反。因為老皇帝立刻從海陸兩方準備重兵，將他們所住的城包圍起來。敵我雙方雖有莫大的損失，但最後城牆還是被攻破，城上着火，將他燒死在火中了。戰爭於是告終。可是皇帝聽說耶穌教徒和法蘭西斯哥派的人，和他的敵人在一起，現在還是時常反抗他，於是下令所有羅馬教徒退出國外。教堂被破壞，被燒燬了。此事在老皇帝健在時，繼續執行。可是今年，即一六一六年，老皇帝死了。他的兒子代行統治，却比父親還要猛烈地反對着羅馬的宗教。他禁止在他所有的領土內，其臣民一個人也不許成爲羅馬派的基督教徒，凡有違者，處以死刑。他爲盡量防備這羅馬教的宗派，禁止任何異國商人逗留在大都市裏。」

這裏所謂兒子，就是秀忠。秀忠在一六一七年發出命令，規定羅馬教的宣教師，倘在日本發現，即處以死刑。這個命令，是因爲有許多被逐出日本的宣教師秘密回來，以及其他宣教師仍舊潛伏在日本佈教的事實，所以發出的。於是在帝國內所有市鎮村，到處採取了絕滅羅馬派基督教的手段。任何團體，其中倘有外來宗教的信徒，便要負責任（註）。政府又任命特別的官吏，即叫做切友丹奉行的法官，搜索這被禁宗教的信徒，而加以處罰。立刻轉變的基督教徒，不受罰，只受監視，但受拷打而仍拒絕轉變者，有的黜爲奴隸，有的被處死刑。有的地方發生非常殘忍的事情，各種各樣的刑罰，用來強迫轉變。不過特別殘酷的迫害，是由於地方官吏個人的殘暴性格，這倒是眞的。例如竹中采女守一樣，他在長崎濫用權勢，以迫害爲勒索金錢的手段，終於被政府命令切腹了。但總之，這種迫害終於成爲有馬大名領內基督教徒叛亂的原因或其助力。這在歷史上就是所謂島原之亂。一六三六年，歸依基督教的一羣農夫，迫於領主有馬及唐津的大名的暴政，絕望之餘，執戈而起，將近鄰佛寺悉數燒燬，宣佈了宗教戰爭。他們旗上有十字架，其指揮者是歸依基督教的武士。基督教的避難者，從日本各地悉來參加，遂達三萬至四萬之衆。他們在島原半島的沿岸，佔領沒有城主的城，嬰城固守。地方官憲，敵不過這個暴動，而叛逆者不特自行防守，其勢益盛，於是十六萬以上的幕府兵力，終於送出來了。經過一百○二天勇敢防戰之後，其城於一六三八年被襲擊，防禦者及其妻子，一併消滅在鋒鏑之下了。在公的方面，這個事件被當做農民暴動。被認爲對此事有責任的人，受了嚴罰，島原(有馬)的領主，受命切腹。日本的歷史家們，記述此事，說這個暴動是最初由基督教徒來計劃指導，他們基督教徒企圖占領長崎，征服九洲，求外國武力援助，以發動政變。耶穌派的文人，則企圖使我們相信其中並無任何陰謀。但總之，有一件事情是確實的，卽以基督教徒爲站脚台，計劃了一大革命，而基督教徒也附和起來，產生了可怕的結果。九洲沿岸一座堅固的城，由三四萬人來固守，此事便會招致重大的危險。這是有利的一點，西班牙企圖由這一點侵入日本，而且是也許會得到多少成功的地點。幕府大概是認識了這個危險，因此派遣了壓倒的兵力到島原。如果這個叛亂得到了外國的援助，也許變成爲長期的內亂了。大規模的殺戮，不過表示勵行了日本的法律，至於對領主發起叛亂的百姓之罰，無論情形如何，總是死刑。再關於這種殘殺政策，我們可以記得那個織田信長，爲了比這小的理由，絕滅了比叡山的天台宗徒。我們可憐那在島原死亡的勇士，同情他們對統治者的暴虐發起叛亂，固然很有理由，不過作爲一個公正的事實，從日本的政治立場去考慮整個事件，是必要的。

註：此等佈告，不以新教徒之基督教爲對象，此點須加以記憶。荷蘭人在此佈告中，不認爲基督教徒。英國人亦然。

荷蘭因以船舶大砲援助抑平叛亂，致受非難。或謂彼等擅將四百二十六發大砲開入城內。但現存平戶荷蘭商會之信件，則證明彼等係受威嚇不得已而出此行動。總之，吾人對彼等之行動，單由宗教立場加以責難，固欠正當——縱使該行動由人道立場言之，亦頗足以非難。蓋叛徒之大部分，其所信仰之宗教，正係將荷蘭男女視爲異端而活活焚殺之宗教也，故欲拒絕援助正行鎮壓此叛亂之日本官憲，自屬不可能。此等荷蘭人之親屬，說不定會遭彼西班牙猛將亞爾法之殘殺，故上述砲擊，或以此爲原因也。倘葡萄牙人及西班牙人攫取日本政府成功，則在日本之英荷國人，將遭遇何等命運，自不待言而明矣。

葡萄牙及西班牙之佈教，其實際歷史，以島原之虐殺而告終。此事件後，基督教乃徐徐而又確實被踏碎，表面上失其存在了，基督教王被容許或默認，僅六十五年之間，其傳播及崩潰之全史，殆達九十年。幾乎包括一切階級之人，上自王侯，下至於庶民，莫不蒙其苦難，數千人民甚至受其酷刑。拷問的可怕，連那恣行殘殺許多人民的耶穌教徒，亦不堪其苦，其中遂有三人不得不否認其信仰，(註)其殘酷可想而知。至於纖弱的女人，則被宣告火刑，與其呼求救釋子女及自己，寧肯抱幼兒而投諸火中者也有。但是犧牲了數千生命的這個宗教，除了災難以外，甚麼都沒有送給日本。它只引起了騷亂、迫害、叛亂、政治難局、以及戰爭等。爲保護及維持社會，付非常之高價而發達之國民美德，如克己、信仰、忠誠、不屈之精神與勇氣，亦爲羅馬教之黑暗信仰所擾亂，迷誤其方向，而成爲破壞其社會之力量。如果破壞成功，而新羅馬舊教之帝國建立在廢墟之上，則其國民之美德，終將消耗於宣教師之暴政，宗教裁判制度之擴大，及永久向良心之自由及人類之進步挑戰的耶穌派的鬥爭了。吾人應憐憫這無慈悲的信仰的犧牲者，稱贊他們無用的勇氣，但誰將他們的主義歸於失敗認爲遺憾呢？從宗教的偏心以外的立場來看，單由其結果來判斷，企圖使日本基督教化的耶穌派的努力，不能不認爲是只能和違反人道的罪惡，荒廢的惡業，地震，海嘯，火山爆發等——由其所引起的不幸與破壞的

註：即卡棱拉，馬爾克耶茲，愚阿拉三人。其中兩人——大概受强迫——與日本女人結婚。關於他們其後的故事，請參閱「日本亞細亞協會」所載『Transaction of the Asiatic Society of Japan』沙多氏之譯文。

德川秀忠採取了鎖國政策，而其後繼者又加以維持，這點充分表示宗教陰謀的恐怖。除了荷蘭商人以外，所有外國人被逐出這個國家，甚至於葡萄牙和西班牙人的混血兒，也被逐出，日本的家族被嚴禁將他們收爲義子，或隱藏起來，如有違背者，一族悉受處罰。一六三六年，有二百八十七個混血兒，被送到澳門去。他們特別怕混血兒的通譯能力，這固然有理，但這命令公佈出來的時候，人種上的憎惡感情，因宗教上的敵愾心而大大的發生，這也殆無可疑。島原事件後，所有西歐人，悉被視以疑惑之念（註）葡萄牙和西班牙的商人們，被荷蘭人代替了（英國的商館，數年前已經被封鎖）。但荷蘭人也非常受警戒。他們被迫拋棄平戶的風景幽雅的地方，而將其商館搬到出島上——出島是僅僅長六百尺，寬二百四十尺的小島。他們在那裏像囚人一樣不斷地被監視着。他們不許出入民間。無論甚麼人，倘無許可，也不能去訪問他們。除妓女以外，任何女人，無論有甚麼事情，也不能跑到他們居住的地方。但他們却獨占了這個國家的貿易。荷蘭人的忍耐力，在二百有餘年之間，爲了營利，忍受了這樣的狀態。日本和其他各國間的貿易，除由荷蘭商館和中國人所維持者以外，完全被禁止了。任何日本人，離開日本，就是死罪。偷偷出去的人，一回國，就被處以死刑。這個法律的目的，是在防止那些被耶穌教派送到國外受傳教訓練的日本人，裝着普通的人回國來。可以長途航海的船，也被禁止建造。超過幕府所規定的大小的船，悉被破壞。沿岸設了眺望台，監視異國的船。除了荷蘭商館的船以外，任何企圖入日本港的船，都被襲擊而破壞。

註：但中國商人較荷蘭人更自由。

葡萄牙人的傳教最初所得到的大成功，尚有必須加以研究的地方。我們對於日本的社會史，現在還是比較上不詳細，因此欲完全了解基督教徒的故事，並不容易。耶穌教派傳道的記錄是很多的，但同時代的日本年代紀給與我們關於這個傳道的知識，倒很缺乏——這大概是因爲十七世紀中發出了一種布告，不獨禁止了關於基督教的一切書籍，連裏面有基督教徒或外國字句等的書籍，也在禁止之例。這裏有耶穌教徒的書沒有說明的一樁事情，這事如果可能的話，寧希望日本的歷史家來加以說明，這個問題就是日本的社會既然建設在禮拜祖先的基礎上，而對外來的侵入具有巨大的抵抗力，何以這樣急速地被耶穌教派的勢力侵入，甚至於一部分竟因此而瓦解了。在一切疑問之中，我希望能舉出日本方面的證據而答覆我的疑問是這樣：傳道師們將祖先的祭祀，妨礙到甚麼程度？這是重要的問題。在中國，傳教師們早就知道了妨礙改宗的抵抗力，就是祖先禮拜。他們很聰明地默認了這樁事情，從前佛僧大概也不得不這樣。假使法王權支持了他們的方策，那末耶穌教派一定使中國的歷史爲之一變了。但因其他宗教團猛烈反對這個妥協的緣故，失掉了機會。因此在日本，祖先的祭祀，給葡萄牙的傳道師們默認到甚麼程度，這從社會學上的研究看來，是很有興趣的。最高的祭祀，當然由於明白的理由，讓它照樣存在。一家的祭祀，在當時，和今日一樣，沒有受新教和羅馬舊教的傳道師們不斷地猛烈地攻擊。我們很難想像，改依基督教的人，被迫棄掉或破壞了祖先的神牌。但在另一方面，一般更貧窮的改宗者——如傭人及其他一般庶民——其中多數有沒有一家祖先的祭祀，這一點，我們現在還有疑問。沒有戶籍的人，改依基督教者甚多，但他們倒不必放在這裏面考慮。若要公平判斷這個問題，關於十六世紀時平民的狀態，還有許多事情必須知道。總之，不論其所取的方法如何，初期的傳道，其成功頗足驚人。他們的傳道事業，爲了日本社會組織的特殊性質，有從上層階級開始的必要。臣下得到其領主的許可，始能改變其信仰。不料這個許可，最初就很自由，有的地方，公然告示人民採取其新宗教，是他們的自由。有的地方，改宗的領主命令百姓改依新宗教。也許這個外國宗教起初被誤認爲是一種新的佛教。一五五二年，頒給葡萄牙布教團的，現在還留着的山口地方的許可書中，明明記着他們准許異國人們講「佛法」（其許可的場所，有一所叫大道寺的寺院也在其內）。原文有沙多爵士的翻譯。

如果這個錯誤(或欺瞞)能在山口縣發生，那末其他地方當然也能發生，這點不難想像。表面上，羅馬教的儀式，和普通所行佛教的儀式相似。人們看見他們的勤行、數珠、跪拜禮，立像、梵鐘、香等的形式，覺得這些是自已日常看慣的東西。處女和聖徒們，看上去很像背着後光的菩薩和佛陀，天使和惡魔好像就是天人與惡鬼。佛法的儀式中會經使一般民衆歡喜過的一切東西，以些許不同的形式，交給耶穌教派，給他們用作教會和禮拜堂，而在其神聖的寺院中看見了那些東西。這兩個信仰根本上的相異，凡眼未能認識，但表面上的類似，倒很快的給他們認識了。此外還有兩三個吸引人心的新奇花樣。例如耶穌教徒們，爲了吸引人家的注意，時常演奇蹟戲(Miracle play)給人看……。不過這一切令人悅目的東西，以及和佛教外觀上的類似，只不過幫助了這個新宗教的傳播，而未足以說明其布教急速的進步。

强迫信教，這倒也許對布教有過幾分幫助——如改依基督教的大名强迫其臣下信教。地方民衆，因受强迫，追從了改宗的領主的宗教。而幾百——也許是幾千個人，單爲了忠義的習慣，而做了同樣事情。因此耶穌教派究竟用甚麼方法使大名歸依他們的宗教，這倒很有考究的價值。帮助傳教的一大力量，我們知道是葡萄牙的商業——特別是大砲和彈藥的交易。豐臣秀吉未獲權力之前，當國情騷亂的時候，這個買賣可以說是向地方領主作宗教上的協商的有力的賄賂。有大砲的大名，當然比較沒有這種武器的大名，競爭時居幾分有利的地位，因此能夠獨占這個買賣的領主，便陷近隣諸侯於不利，而得以擴張了自己的權力。於是為了獲得布教的特權，實際上提供了這個買賣，有時更要求超過特權的事情，而達到了目的。一五七二年，葡萄牙人甚至於要求整個長崎市，作為給教會的禮物。他們的要求，連市上的司法權也在其內，同時謂若被拒絕，則在他處造根據地，如此加以威脅。大名大村，最初表示反對，後來終於讓步了。長崎於是變成了基督教徒的領地，而直接受教會支配了。這末一來，牧師們立刻開始迫害當地的宗教，而表現了他們自己的信仰的特色。他們放火燒燬佛寺與神社，而說這個火災是「神怒」。此事以後，改宗教燒了長崎市及附近約八十個寺廟。佛教在長崎領地內整個的消滅了——其僧侶受迫害而被逐出。在豐後地方，耶穌教派迫害佛教，尤為猛烈，其規模更大。支配當地的大名大友宗麟宗近，不獨將其領土內的佛寺，悉加破壞，（據傳其數達三千）而且殺害了許多佛僧。彥山的僧侶們，據說曾經祈願暴君宗麟之死，而宗麟為了破壞這個山的大伽藍，據說惡意地選了（一五七六年）四月八日——這天是佛陀誕生的祭日。

領主在慣於無條件服從的人民上加以強迫，這事大概足以說明幾分傳道成功的第一步。但還有許多難以說明的事情，例如後來祕密傳教的成功。改宗者在迫害下所表示的熱情與勇氣，以及保守祭祖的人們，長久對反對的信仰的發展保持冷靜態度的原因等……。基督教最初開始普遍在羅馬帝國內擴張的時候，祖先的宗教早已滅亡，社會的構造已失其原形，實際上可以有效地抵抗基督教的任何宗教上的保守主義也沒有。但在十六世紀和十七世紀的日本，祖先的宗教正在強力地活躍着，社會不過剛理由來說——比擬的災難了。

剛踏入了不完全的完成的第二期。改信耶穌教的人，並不是失去了過去的信仰的人，而其改信，是在世界中最深刻地屬於宗教以及保守性的社會中實行的。走入這種社會的基督教，不問其種類爲何，不會不使其社會構造崩潰——至少要使局部地方崩潰。這樣的崩潰，如何擴大，如何徹底，我們無從知道。同時遭遇這種危險時，本來的宗教本能的長時間的墮性，究竟怎樣了？關於這一點，我們也沒有適當的說明。

但歷史上的事實中，可以作這個問題的參考的，倒有若干。給利基奠定了基礎的，在中國的耶穌教派的政策，是讓改信基督教者自由祭祀其祖先。這個政策繼續維持之間，傳道也隆盛。但因這樣妥協的結果，而發生不和的時候，事件便呈報到羅馬去了。法王因諾巽十世，一六四五年下令決定禁止異說。結果耶穌教派的傳道，實際上在中國消滅了。法王因諸巽的決定，翌年由法亞力山大八世下令取消。但關於祭祖的問題，反覆發生爭論，終於在一六九三年由法王克萊門九世斷然禁止改宗者舉行任何形式的祭祖……，此後在遠東的一切傳道的努力，歸於泡影。其社會上的理由是明顯的。

我們知道了在中國的教派，在一六四五年以前，默認了祖先的祭祀，因此其傳教當時也很有希望，那末在日本，在十六世紀後半之間，也許採取了和中國一樣的默認政策。日本的傳道始於一五四九年，其歷史以一六三八年的島原殘殺告終——這是法王第一次禁止默認祖先禮拜的約七年前。耶穌教派的傳道事業，雖遭遇種種反對，仍能着實趨於隆盛，但不久爲淺慮而偏心的熱狂者所妨礙。本來根據一五八五年格來哥利十三世所公布而在一六〇〇年由克萊門三世所確定的告諭，公認只許耶穌教傳道，但這個特權，因法蘭西斯哥派過於熱心而受漠視，於是開始與日本政府之間發生糾葛。上面已經說過，一五九六年豐臣秀吉處死了六個法蘭西斯哥派的宣教師。此後在一六〇八年，保羅五世下諭准許羅馬舊教的所有教團的傳道師在日本，此事恐怕就成爲耶穌教派破滅的根基。値得記憶的是，德川家康在一六一二年鎭壓過法蘭西斯哥派，——此事證明法蘭西斯哥派雖受秀吉的教訓，還是毫不介意。原來多密尼克教派和法蘭西斯哥教派，對那耶穌教派（前兩者認後者爲卑怯而加以排斥）聰明地不伸手進去的事情，貿然伸手進去，結果提早了傳道事業不可避免的破滅。

十六世紀之初，日本是否有百萬個基督教信徒，此點我們當然甚抱懷疑，似乎六十萬是事實。在信教自由的現代，所有外國傳道師的團體，總其努力，年年消費莫大的金錢，以維持其事業，但據可靠的計算，他們所得的成功，僅有以前葡萄牙傳道師所稱他們所獲成功的五分之一。十六世紀的耶穌教派，果然能利用了許多領主，極有力的强迫當地所有人民信教，但近代的傳道，有着比那可疑的强制力遠較有力的教育上，財政上，以及立法上的長處。但其所獲，何以如此之小，當須加以說明。這個說明是容易的。因爲不必要地攻擊祖先的祭祀，就是攻擊社會的組織。而日本的社會，其倫理的根據倘遇攻擊，卽本能地加以反抗。因爲我們想像日本的社會當時已經達到紀元第二或第三世紀的羅馬那樣的狀態，亦屬錯誤。我們反可以說這個日本社會，其狀態與基督誕生前數世紀前的希臘羅馬的社會狀態相似。鐵路，電報，正確的近代武器，以及各種近代應用方面科學的輸入，未能改變事物的根本秩序。表面上的事物，正在急速進行，而新的構造，正在完成。但社會狀態還是止於南歐基督教輸入以前很遠的狀態。

各種宗教，都保有多少不朽的眞理，但進化論者必須將宗教加以分類。進化論者不得不將一神教的信仰認爲是人類思想的進步上，遠較多神教進步的東西。所謂一神教是將信仰無數的靈的許多信仰，融合擴大爲一個不可見的全能者的廣大思想的東西。從心理學的進化論的立場來說，則又不得不認爲汎神教比一神教進步，而不可知論又較一神汎神兩者進步。但信仰的價值，當然是相對的，而其價值如何，不決定於其信仰如何能適應少數有教養的人，而決定於其信仰對全社會在情操上有多大的關係。（大體信仰是社會的道德經驗的具體化者）信仰對於別的社會的價值，當然視其對於社會的倫理體驗的適應能力而定。我們可以承認羅馬舊教，在宅想到唯一的神這一點上，比較原始性的祖先禮拜進步一點。但這羅馬舊教只能適應於中國或日本所未到達的社會狀態。這個社會狀態，乃指古代的家族已經分解、孝道的宗教已經被忘却的社會。印度的宗教遠較巧妙，而凡有不可比擬的人情味。佛教在耶穌教派的創建者羅約拉之前一千年時，早已獲得了傳道上的秘訣，而耶穌教派的宗教，却不知道如何適應日本的社會狀態。爲了不能適應的事實，傳道的命運早已決定了。他們所做的禁止異說、陰謀，野蠻的迫害等——耶穌教徒的一切欺騙與殘忍——這些只能說是他們不能適應的證據吧。同時德川家康及其後繼者所採取的抑壓政策，從社會學上來看，這不過爲了認識了國家的最大危險罷了。即他們認識了外國宗教的勝利，包藏着社會的整個崩潰，以及帝國屈服於外國勢力。至少美術家和社會學者，不會將這傳道的失敗認爲憾事。他們傳道的失敗，使日本的社會得以將其型發展到極致，而近代人的眼睛得以看到日本美術的驚人世界，同時傳統，信仰，及習慣的更驚人的世界，也得以保存。如果羅馬舊教得到勝利的話，一定消滅了這些東西。美術家們對傳道師的反抗心，只看傳道師總是不客氣的破壞者，而又不得不破壞的事實，那末他們之所以反抗，極屬當然。無論在甚麼地方，大凡美術的發達，總是以某種形態與宗教有關係。而民族的美術，既然反映着民族的信仰，然則這美術由其信仰之敵看來，當然是可憎的。起原於佛教的日本美術，是特別有宗教上的暗示的美術——不單是繪圖雕刻，對裝飾及其他所有美的趣味的產物，也可以這樣說。日本人喜悅樹木，花卉，庭園之心，乃至愛好自然及自然之聲的心——要之在一切生命裏面的詩情，也多少有宗教的感情。耶穌教徒及其同盟者，毫不躊躇地欲將這些感情，消滅淨盡，纖毫不留，這殆可認爲是確實的。卽使那些教徒了解而感得了這個特殊的美的世界的意義——不能再度反覆的民族體驗的結果——他們一定也片時不躊躇地實行了消滅工作。 現在那個驚人的美的世界， 正在不可挽回地給西洋的產業主義破壞着。不過產業上的影響，雖然是無慈悲的，但並不急速，而其破壞也不會那樣猛烈地急速地進行，所以那個美漸漸變淡薄的故事，將會留於記錄，而有所裨益於將來的文化吧。

神道的復活

考察德川幕府逐漸式微的諸原因，則與德川以前各代幕府衰微的原因很有相似之處。日本民族在德川幕府的長久承平時代之間墮落，而歷代代替了幕府的強力建設者的人們，也逐漸流於纖弱無力。但因家康縝密草案，而家光益使之完成的行政機構，頗能巧妙運用之故，未有外患助其破滅之前，在一擊之下打倒幕府的機會，任何敵人也沒有抓住。幕府的最危險的敵人是薩摩，長州二大藩，家康未能將他們的勢力削弱到某種程度以上。若要消滅此二藩，其危險似乎十分重大。而一方面這兩藩的同盟，當時一時爲政治上的重要事情。他在這兩個强大同盟國之間置了一個可靠的大名，以保勢力的安全的平衡——所謂可靠，第一基於利害，第二基於親族關係。但他一直感覺幕府的危險，或許會由薩長而來。他因此愼重對子孫留下遺訓，如何應付或將成爲事實的這種敵人的政策。他知道自己的工作並不完全——其行政機構中某部分與遠離之其他部分，尙未調整良好。他因爲社會組織的材料尙未十分發展，亦未整頓，故雖欲使行政機構完全而又永久鞏固，但未能做得更好。若要成就這個事情，必須廢除諸藩，但家康在這種情形之下，在其先見之明所許範圍內，盡其最善，而關於這良好的行政機構的弱點，比家康自己看破得更清楚的，並無其人。

二百餘年之間，薩長二藩，心雖不願，不得已服從德川的統治，此外亦有數藩，希冀一朝有機會，即與薩長結盟。他們不甘居幕府的下風，而受其支配，窺伺機會，以冀脫離其羈絆。而不知不覺間，機會慢慢給他們造成了——這並不是由於甚麼政治上的變化，而是由於日本文學家孜孜不倦的勞力結果。這些文學家中之三人——日本所產生的最大學者——藉其知性的勞作，特別準備了廢止幕府的路程。他們是神道學者。他們代表着日本人對外來思想與外來宗教的長久的感化——即對中國的文學，哲學及官僚主義——又對佛教給與教育的大影響——的固有的保守精神的當然的反動。他們採取了日本古來的文學，古代的詩歌，古代的祭祀，以及神道初期的傳統與儀式，以與上述一切對立。這三個著名人物是加茂眞淵（一六九七——一七六九），本居宣長（一七三〇——一八〇一）及平田篤胤（一七七六——一八四三）。他們努力的結果，產生了佛教的顚覆及一八七一年神道的大復活。

這些學者們所行的知性的革命，大概只能在長久的太平時期準備，而又只能由那些受統治階級保護及愛護的人們來準備。神道學者所以能完成這個事業，是偶然由於獎勵並援助文學的德川家康自己。家康愛好學問，後隱退於靜岡，專以蒐集古書及寫本以送其餘年。他將其國學書遺給第八子尾張侯，漢籍遺與另一子紀州侯。尾張侯曾經編過幾本關於日本古代文學的書。家康的子孫繼承了他愛好文學的性質，其孫之一，即第二世水戶公光圀（一六二二——一七〇〇），得各種學者之助，編纂了「大日本史」二百四十卷。這是日本最初的重要歷史。他又編了一本關於宮廷的儀式典禮的書，都五百卷。他每年從自己的歲入扣除約值三萬磅的金錢，充作這個大作的出版費……。新的文學家便受了這種叢書蒐集家的大諸侯的恩顧而抬頭起來，但這些人是離開中國文學而立志研究日本古典的人。他們再版了古代的詩集，年代記等，加以豐富的註釋，復刊了神聖的古典。他們著作了關於宗教，歷史，及言語諸問題的書籍全部，編纂了文法，辭典，寫了關於作歌法，關於通俗的誤謬，關於神的性質，關於政治，以及關於古代風俗習慣的論文……。這個新學問的基礎，是神道的神官荷田春滿及眞淵所建築的。

擁護學問的貴族們，做夢也沒有想到他們自己所獎勵的這種研究，會引起怎樣的結果，不過人們研究古代記錄，日本文學，以及古代政治宗教狀態的結果，他們自己又重新去思想一直幾乎完全壓倒了本來的國學的外國文學所給與的影響的歷史，以及壓倒了祖先諸神之宗教的外國信仰的歷史了——中國的倫理，中國的儀式，以及中國的佛教，貶古代的信仰爲次要的信仰了。同時幕府雖眞的確立了和平，造成了繁榮的基礎，但又被人知道這是篡奪皇室的權利而來的。這一切事情，的確是錯誤的。惟有奉天皇於古來的位置，而貶將軍爲於他們本來的從屬狀態，始能得到國民的至福。

這一切事情，被人想到，被人感覺到，而且强有力地暗示出來了。但這一切並不是公然說出來的。公言武力政治爲篡奪，將有滅身之禍。神道的學者們實際上接近到危險地步，但他們只在認爲當局及時勢許可的範圍內行動過罷了。但十八世紀之末出現了强力的一派，唱道以國法復活古代宗教，唱道王政復古，又說武權之根絕，雖無希望，但至少要加以抑壓。然而幕府感到恐慌，將大學者篤胤逐出首都，禁止他繼續著作，這樣暴露了不安的時候，已經是一八四一年了。未幾，篤胤去世。但他能够在四十年間唱道己說，刊行的著作達數百卷。奉他爲最後一個而且是最大神學者的一派，已經對民衆給與了很大的影響。不甘屈伏的薩長土肥的大名們，正在窺伺機會。他們認識了這個新思想的價値，有助於自己的政策，乃獎勵新神道主義。他們覺得脫離德川的支配的時機來臨了。而他們的機會，終因柏利艦隊的來航而到來了。

當時的事件，大家都很知道，此處無須贅述。幕府狼狽起來，被迫與美國及其他諸强國之間開始通商而不得已開港之後，國中發生非常的不滿，而敵視幕府者，盡力去煽動了國民，我們這樣說就够了。不久幕府相當詳細地知悉了西洋諸國的實力，覺悟不能抵抗這些國家的侵入了。朝廷是不知道的，但幕府當然也怕將外國情形報告給朝廷。承認不能抵抗西洋的侵略，大概就要招致德川家的滅亡。但另一方面，如果去抵抗的話，將會招致帝國的滅亡。此時幕府的敵人，便向朝廷請願下攘夷之令。而這個命令——我們要記得這是從絕對權威之源降下的，根本是一個宗教性的命令——便陷幕府於極端左右爲難的地步。幕府乃企圖用政策來完成武力所未能完成的事情。但正當幕府商議外國居民撤退的時候，因長州公開砲轟擊了許多外國船，事態於是急轉直下，而陷於危機。這個行動引起了砲擊下關及三百萬元的賠償問題。將軍家茂欲懲罰這個敵對行爲，企圖征討長州公。但這個企圖結果只暴露了幕府的無力。家茂於戰敗後不久逝世，他的後繼者一橋卿，做甚麼事的機會也沒有得到——因爲幕府的無力，既已明顯，敵幕便乘勢圖謀倒幕了。敵人請願政府廢止幕府，於是幕府便因法令而廢除了。一橋卿服從了這個命令，德川一代於是告終。幕臣中忠於幕府的人們，企圖幕府再興，和究竟不敵的優勢對抗，爾後戰了兩年。一八六七年，整個行政重新組織起來，文武的最大權復歸於御門。此後神道的祭祀，立刻以官令復歸於最初的單純，宣言爲國教，佛教則被褫奪了扶持。帝國古代的制度，於是重新被建設起來，學者們所希望的，似乎都已經實現了——但這裏有一點並不如此……。

我要說的是，這些學者之中，有一派人想極端地走得比眞淵，宣長所曾夢想者更遠。後來的這些人，不滿足於幕府的廢止，王政的復古，以及祭祖的復活。他們要一切社會復歸於太古的單純質樸，希望避免一切外國的影響，希望國定的儀式，將來的敎育，將來的文學，倫理，法律等，一切成爲純粹日本的東西。他們不滿足於僅僅去褫去佛敎的扶持，更爲完全抑壓佛敎，拿出强硬的提案。這些只能說是表現着要將社會退步到野蠻狀態的方法的思想。眞淵和宣長決沒有提議廢棄佛敎和所有漢學。他們不過主張先重視古來的宗敎與文化罷了。而新國學者們所希望的，等於破壞一千年來的經驗。幸而推翻了幕府的藩士們，對於過去和未來，另有一種見解。他們覺悟了國家瀕於危機。又覺悟了抵抗外國的壓迫，究竟沒有希望。薩摩在一八六三年其鹿兒島遭砲擊，長州在一八六四年其下關亦遭砲擊。可以抵抗西洋武力的唯一方法，是不憚煩地去研究西洋的科學，這是很明顯的，若要帝國强大，必須採取西洋的長處。一八七一年（明治四年）藩被廢，一八七三年禁止基督敎的法令被撤廢。一八七六年帶刀被禁止。作爲武力團體的武士被禁止，其後四民的平等也宣言了。新法典的編纂，新陸海軍的編成，新警察制度的設定，也逐一實行，敎育的新制度亦由政府的經費來創辦了，新憲法也要制定了。終於在一八九一年，召集了（嚴格地說）最初的日本議會。那個時候，只要法律能製造，日本社會的整個輪廓，採取歐洲的模型而改造了。國民成功地走入了完成的第三期。藩在法律上瓦解，家族已經不是社會的法律上的單位，而個人被新憲法承認了。

我們如果將廣大的政治急變，只在其小局細目——事件的諸要素，直接的原因結果的湊合，强大人格的諸影響，强迫個人行動的諸條件——上着想，則很容易把那變化當作具有優秀精神的幾個人的工作所產生的勝利。這是說，我們大概忘記了這些人本身就是那個時代的產物，忘記了這種急速的變化，旣代表個人的知性的活動，同時又一定代表着國民的本能或種族的本能的作用。明治維新不可思議地表現着這種本能遭遇危機而活動的事情——當環境突變的時候，內部諸要素適應得很好的事情。

國民知道在新條件之前，從前的政治制度也是無力的，國民於是改變了這個制度。他們知道了封建制度不足以防禦國家，於是改造了這個制度。遭遇了預想不到的必要條件，他們的教育制度也知道無用，於是他們連這個制度也改變了——同時佛教的力量也削弱了。不這樣的話，佛教也許向被要求的革新提出了重大的反對。就在瀕於最大危險的時候，國民的本能回到它過去最可靠的道德上的經驗，——這個經驗，是表現在毫無可疑的從順的宗教——祭祖中的東西。大家信賴神道的傳統，參集於太古諸神之後裔的大君周圍，以敬虔熱心的信仰待其叡慮。只有嚴守天皇的命令，其危險才能避免，——除此以外，決無其他可避危險的方法。這就是國民的確信。所謂天皇的命令，僅僅是叫國民精勵於學問，在智力上努力和敵人並駕齊驅。這個命令如何被誠實地遵守——這個民族古來道德上的訓練，在這危急存亡之秋如何有效——我不必來說了。日本賴其自己獲得的力量，正當地伍於近代的文明國家了——卽因其新軍事組織而變爲可怕的國家，因其在實際科學方面的成功，變成可尊敬的國家了。在三十年之間自己獲得如此驚人進步的力量，正是靠了日本從其祖先的宗教，卽久遠的祭祖而得的道德習慣。若要正當估計這個功績，我們必須想到日本最初站在世界的競爭舞台的時候，日本在進化方面比任何近代歐洲國家至少年輕二千七百年。

斯賓賽說，宗教的各種制度對社會的大價值，在於團結他們的力量，——在於强人服從習慣，反對可能使其瓦解的變革，而强化其統治力上面。換句話說，從社會學的立場來看，宗教的價值在於其保守主義。有許多人著書主張日本的國家的宗教，過去因爲不能抵抗佛教的壓倒的勢力，因此是薄弱的，但我不能不認爲日本的全社會史正給我們一個反證。神道學者自己承認，佛教在一個很長久的時代中好像完全併吞了神道，並且佛教在一千年之間指導了國民的教育，但在這其間神道還是極有活氣地存在那裏，因此它終於使佛教退去，並且將國家救出來，使國家不受外國的支配。認爲神道的復活，僅僅是一羣爲政者的夢，儌倖實現了，如此而已，這樣的斷言，漠視了引起了這個復活的一切過程。如果國民的感情不歡迎他的話，這樣的變化不能單靠法令而實現吧……。此外關於以前佛教的優勢，有三條重要事實必須記憶：（一）佛教只修正了祭祀的形式，但保守了祭祖，（二）佛教並沒有將氏神的祭祀取而代之，反可以說它支持了氏神的祭祀，（三）佛教決沒有置喙於皇室的祭祖。這三種祖先禮拜的形式——家庭的、社會的、國家的形式——是神道上極重要的一切。古代信仰的要素，雖在佛教長久壓迫之下，一個也決沒有變弱。何況是被廢止云云，當然毫無其事。

神道現在不是國教。由於神道的管長等的要求，它甚至於沒有公式地區別爲一個宗教。這是出國家政策的明白的理由，這樣決定的。神道完成了它的重大事業後，自行退去了。神道代表着成爲民族的感情，義務的觀念，忠義的熱情，以及愛國心的原動的國民精神，它現在還是一個巨大的力量，倘使國家危急存亡之秋重新來臨，那末如果許之於它，必定會成爲一個有效驗的力量而存留下來。

近代的壓迫

倘要理解近代的日本，漠然地去理解也好，必須想到三種社會的壓迫的結果，對個人的精力和能力，給與了怎樣的影響。這三種壓迫，第一來自長上的意志，强人無限地服從命令，而奪去他精神上的自由。其二來自同行以及同等階級的共同意志，不給他從對他最有利的最好的方法發揮其最大能力的權力。其三是下層人的一般感情所代表的從下而來的壓迫，這種壓迫，强迫人當指導他人的行動的時候，要服從傳統，避免新花樣，如果覺得比他屬於下層階級的人不會中心願意接受，那末縱有怎樣的利益，不許他實行任何改革。這三者都代表着往昔宗教責任的遺產。我現在顚倒次序，先講從下而來的壓迫。

外國的觀察家時常斷言，在日本的眞正力量，非從上面作用而來，而是從下面作用而來的。這個斷言有幾分眞理，但不能說是全部眞理。這個情形太複雜，故不易概括的論述。居高位者的權威，常有受下面抵抗的傾向，因此多少受到抑制，這倒無可否認……。例如從農民來講，確有許多侮辱性質的規定，加在他們的生活上，但在日本的歷史上，無論在甚麼時代，他們對付過分的壓迫的手段，未嘗完全被奪。他們對於制定一村的法律，估定他們納稅的可能額，對於苛征暴斂，可以——經由上司——提出抗議。而他們的所有物，因有法律禁止出賣或出讓祖先傳下來的遺產，因此大抵安全。這至少是一般的通則。然而也有這樣的壞大名，對待所屬農民甚爲殘酷，而又知道如何妨礙他們的呼籲或抗議達到上司。這樣壓迫的結果，幾乎每次都引起暴動，而壓迫者被追究暴動的理由而受處罰。理論上雖被否定，但農民反抗壓迫的權利，實際上是被尊重的。暴民雖受處罰，但壓迫者也同樣受處罰。大名於開征新稅或實行强迫勞動時，亦不得不考慮所屬農民的事情。平民雖要服從武權階級（士族），但在都市，工商人能組織强力的工會，藉此可以阻止武士的壓迫。一般民衆，無論在甚麼地方，通常對有司採取謙恭的態度，但遇特殊情形，則毫不躊躇地蔑視他們。

宗教與統治，道德與習慣，實際上屬同一物的社會，竟會產生抵抗有司的顯著的例，說是奇怪倒很奇怪，但是社會上的事實本身，就說明着這個事實。自極古時代，人民確信盲從權威，在普通的場合是一般的義務。但這個確信現在又有一個確信和它結合着，——即確信反抗權威（除了最高的治者天皇的神聖的權威）在非常的場合，也是一個義務。這兩個表面上是反對的確信，實際是並不矛盾的。只要其統治遵守着習慣，——其命令縱令如何苛刻，只要不與傳統與感情衝突，——民衆便將其統治認爲是宗教的，而絕對服從它。但統治者如以無理由的冷酷精神或貪婪的精神，膽敢破棄道德的習慣，民衆便以殉難的決心來反抗他，他們覺得這也是宗教的義務，也可以這樣說。由一切種類的地方壓迫看來，危險的是離開習慣。甚至於攝政貴族的行爲，也因臣下的輿論而大受抑制，而某種專制的行爲，因有被暗殺之虞，也大受抑制。

尊重臣下的感情，自昔爲日本爲政者的必要政策。其原因一方面固由於不必要的壓迫會引起危險，同時爲了目前的人們認爲自己的努力得到賞識，只在這個時候職務才能圓滑進行，又爲避免做出不必要的突然的變化，使他們陷於不利，這些事情，是這個政策的更主要的原因。這古來的政策，現在依舊是日本的施政的特性。其高位的權威者尊重輿論一事，由外國的觀察者看來，是又驚又費解的事情。外國的觀察者，看見許多人們的思想的保守力，雖和西洋人所想的，社會的進步所必需的輿論的訓練相反，但却是成功的。從前日本的一地方的統治者，對其人民的行爲負有責任，今日在新日本，監督一個官廳的各官吏，對於事務的圓滑進行，也負有責任。但這並不是說官吏僅僅對於事務的能率負有責任，官吏又對於自己的部下，至少對於其部下的多數，如果不能滿足其意志，也要負責任。他們的大臣、縣長、社長、經理、科長、監督，如果不爲這多數人所歡迎，那末這個事實便會被人認爲他們沒有行政上的資格……。關於責任的這個古來的觀念，教育界的例，恐怕最奇特。學生的鬧風潮，照一般人的想像，這並不是因爲學生難制御，而是由於監督者或教師不明白自己的工作。所以校長僅以滿足多數學生爲條件，保持着自己的地位。高等官立學校的各教授講師，要對自己的講授負責。在其他方面，他們的才能，卽使優秀，不善於迎合學生的官立學校的教師，除非有有力的保護者爲他調停，便會以一紙簡單的命令而被免職。他的努力，不會以優秀爲標準而受判斷，他們決不會因他們的眞正價値而受批評（註），他們單由給與學生的印象而受到評價。差不多到處維持着這個責任制度。國務大臣，會因民衆的感情，對他施政的結果負責任，同樣在他部內發生特殊案件或騷動時，不管他有沒有把它防止，總要負起責任。因此可以說，究極的力量還是以最大限度保持在下面，這是事實。最高官吏，如果在某一方面遂其獨斷的意志，則必會得罪，他的意志這樣受抑制，恐怕反而好。

註：（這個政策，的確是以極不相同的道德狀態爲假定而出發的）西洋的讀者也許以爲不當，但在新的規定下，恐怕一時也許沒有比這更好的了。我們一想教育制度所發生的突然的非常的變化，則在二十年前，恐怕教師的直接價値，單由其善能討好學生的本事來決定。如果敎師所敎授的，其程度在學生的平均能力以上，或在其以下，或者學生渴望新知識，而敎授方法，不知所以使得他們滿意，那末學生便能以自己的意志，責備敎師的無經驗。從上到下，通過社會的所有階級，與前例同樣的責任制度，以及關於個人意志之遂行的同樣限制，以種種形式嚴存着。家庭內部的狀態，關於此點，也和官廳情形無大差異。例如任何家庭的主人，甚至於對他自己的奴婢或從者，除了某一定的限制以外，不能强行自己的意志。良好的僕婢，無論有甚麼事，不違背傳統的習慣。而謂僕婢的價値，可由這種不屈之心證明的古來的意見，由數世紀的經驗，被認爲正當。一般人民的感情，依舊是保守的，而其表面上的革新的熱情，決非指示生活的實際事實。流行，禮儀，家庭內部，樹上風景，習慣，方法等，一切生活的外觀都變了，但自昔傳來的社會組織，還是固定在這些表面變化的下面，而國民性也差不多沒有受到明治的一切變化的影響。

個人所要服從的第二種强制——團體的强制，即共同生活的强制——要成爲自由競爭的實際上的障礙，因此在最近的將來有成爲有害的東西的危險。日本的任何都市的日常生活，表示着大衆在集團地思想，集團地行動，其例甚多。其中洋車夫的規程，是我們日常看慣的最有力的例子。據其條款，倘有兩部車子向同一方向走着的時候，禁止後面的車子趕過前面。至於有固定主人的包車——因其有力迅速特別選定，希望極度使用其體力者——則有例外，但這是不得已而規定的。在千萬個車夫之間，有這樣的規定：年輕力壯的人，不能趕過年老衰弱的人，也不能趕過故意跑得慢的懶人。利用自己的優越力量，以作競爭，這是職業上的違反，必定受罰。現在說僱用了一個强壯的車夫，叫他盡力奔跑。他便飛也似地向前趕，這時候偶然也會趕到一個慢吞吞跑着的老弱車夫，或者故意偷懶的車夫。那末這個强壯的車夫，不趕上去，跟在慢車後面，速度慢得像走路一般了。爲了强壯而快者不能追過慢者的規定，有時像這樣會遲上半個鐘頭或半個鐘頭以上。弱者看見有人要追過他，就要生怒而嘰咕起來。在他說話的背後隱藏着的思想，可以這樣表現：「這不是不合規則嗎？——你要做的事，不成爲你的夥伴的利益，這你應該曉得！拉車子生意是很苦的生意，假使沒有禁止只顧自己利益的競爭的規定，我們活下去還要苦！」當然這樣的規定，並不是廣泛地考慮職業的利害的結果而制的。車夫的這種道德的規定，以種種之形表示着至今一直加在日本各級勞動者的無文律的範例，其無文律就是「無特別許可，不得凌駕同輩」。這是不錯的……。飛黃騰達之路，爲有才能者開着，但競爭是禁止的——總之是這個意思。

近代社會對於自由競爭的抑壓，自然是表現着支配古代社會的利他主義精神的復活與擴張，——並非任何一定的習慣的單純的繼續。封建時代並沒有車夫，不過一切工匠與勞動者都有工會或同行。而這些工會的規律，禁止了單爲個人利益的競爭。和這同樣或差不多的組織的種類，今日爲工匠勞動者們維持着。而在這工會外，僱主對於熟練勞動者的關係，也是從前共同生活主義的方法，以其工會或同行所規定……。例如有人要蓋一個漂亮的屋子，那末這個人爲了他的目的，將以工作熟練非常聰明的人們爲對手。因爲日本的木匠，差不多可以和工匠爲伍，甚至於說不定可以和美術家比肩。建築有時會託建築公司去辦，但一般的通則，還是託木匠的棟梁好。所謂棟梁，是一身而兼着建築技師，承辦人，以及木匠三者的人。託辦的人無論如何不能自行選擇或僱用工人，因爲這是工會的章程所禁。託辦者只能訂立契約。棟梁倘自己的設計被承認，以後一切事情都歸他去辦——材料的採辦，搬運都在內——木匠，泥匠，瓦匠，蓆工，窗戶匠，鐵器匠，石匠，鎖匠，玻璃匠的僱傭，也由他來辦。這因爲每一個棟梁代表着遠較他自己的木匠工會爲高的東西。他關於家的建築與家的造作的所有方面都有徒弟，所以委託者做夢也不要去干涉他們的要求及特權……。他根據契約去蓋那所房子，但這只不過是和他的關係的開始。一旦委託他去辦，那末委託者，就算實際上和他締結了除非有充分的理由發生不能遺棄的約束。過後他的家的任何部分，無論有甚麼事——不論牆壁，地板，屋頂，屋基——委託者一定要請他來商量修理的事情，決不能請別人。譬如屋頂漏了，不能去請近隣的瓦匠或白鐵匠。牆壁上的灰泥裂了縫，決不能自己去叫泥匠。造那所屋子的人，對那所屋子的狀態負有責任，因此棟梁是一定要澈底負其責任的。他以外沒有人有叫泥匠，瓦匠，白鐵匠的權利。委託者如果干涉了他的權利，他也許會碰到不愉快的意外事情。如果反對他的權利而訴諸法律，則以後無論出多少錢，木匠，瓦匠，泥匠都不會到他家來。和解是甚麼時候都可以做到的，但工會爲他無此需要而訴諸法律一定會感覺不愉快。不過這些工人的團體，無論甚麼時候都肯老老實實的在工作，所以結果還是和解上算。

再拿庭匠爲例。爲造一個漂亮的庭園，僱了一個被推薦過來的熟練庭匠。他造了庭園，委託者給了他工錢。但這個庭匠實際上是代表着一個同行的。只爲僱用了他，他也好，他所屬的庭匠公會的其他會員也好，只要委託者所有那個庭園，一定不斷地來照顧。每逢季節變換，他總要來替你整理，矮樹籬笆也好，果樹也好，都來裁剪一下，垣牆修一修，蔓草的樣子改正一下，花弄一弄，——如果是夏天的話，弄一點紙製的蔽日物，以便弱小的灌木不爲烈日所晒；如果是下霜的季節，便用稻草弄一點遮霜的東西，——他以極少的報酬，給你做有益而精緻的事情、不過禁止這個人的出入，而另外請人代替，這事除非有充分的理由，絕對不可能。如果不確實知道以前的關係經雙方諒解而解約，則別的庭匠無論出多少錢也不肯來。如果委託者方面有很好的理由聲辯，便有中間人出來解决這個事情，而由公會方面佈置一切，以免委託者將來有甚麼困難。不過委託者不能只爲了想僱用別人，而無理地禁止以前的庭匠出入。

以上諸例，足以說明今猶以數百形式保持着的從前的社會組織的特性吧。這個共同主義，除了集團與集團之間以外，抑制了競爭，結果非常良好。使工人得到了安樂的生活狀態。在沒有所謂缺乏的時代，卽在以前的閉關自守時代，一般的人們不爲現在這樣的經濟狀態所苦的時候，這是最好的制度了……。現在還有一個有趣的東西殘留着，就是年期奉公的現狀。這也是由族長制度而來的狀態，對競爭加以別種限制的東西。在舊制度之下，奉公大都是無薪的。爲學生意送到商家的孩童，或者被送到老闆下面的徒弟們，是由他們的保護者照顧膳宿衣服甚至於教育，如果希望的話，也可以一輩子在他家中。不過他們習得了主人的工作或買賣，而自己十分能够管理買賣或工作場所以前，工錢是沒有的。這樣的狀態，今猶盛行於商業的中心地——雖然商人或老闆現在已經並不怎樣需要學徒來學生意。多數大商店，薪水只給積有經驗的人。其他被僱的人，只受訓練或受照顧到他們的年期終了。年期一過，他們之中最有能力者，被視爲熟練者而重新被僱，其他的人，則得主人之助，開始獨立經營買賣。同樣，徒弟的年期一過，他或許重新被僱爲職員，或者被人家僱去，但老闆還是幫助他。主人與傭人之間這樣的父子兄弟的關係，能使生活愉快，工作有精神。因此今後這些關係消滅的時候，一切生產品的質，將會大受影響吧。

到普通家庭做事的情形，其中今日也殘留着族長制度，其程度頗難想像。這個問題有稍加詳細說明的價值。我特別想說女人到別人家庭中做事的情形。據昔時習慣，女僕並非主要對那家主人負有責任，而是對自己的家族負有責任。她去做事的條件，要和她自己的家族決定。她的家族便要立誓女兒的從順。通常善良的女兒並非爲工錢去做事情（現在則是給薪的習慣了），也不是爲了生活，其主要原因是爲了準備出嫁。這個準備，一方面爲了能够適應爲她的未來的丈夫家中的一員，同時是爲了她自己的家庭的名譽。最好的女僕是鄉下姑娘，她們有時極幼時就被送到人家去服務。父母很當心選擇女兒出去服務的家庭，他們特別希望那個家庭能使女兒學得禮儀規矩——因此希望老式而嚴肅的家庭。善良的女兒希望人家不把她當做女僕，而把她當做來幫助的人看待——希望人家對她親切，信用她，對她發生好感。在老式家庭裏，女僕實在這樣被看待，而其關係並不是短的——普通的契約年限是三年到五年。但十一二歲就出去，這個女兒恐怕要一直服務八九年。除工錢以外，主人每年送她兩次衣服，以及身上的必需品。也可以得到幾天休息。她拿到工錢和津貼，便能好好的準備起來。除非遭遇意外的不幸，父母不會叫女兒把工錢拿出來。不過女兒是隨時要服從雙親的，他們叫她回來出嫁時，她就得回家。在她做事的期間，僱主也可以叫女兒的家族來做事。爲了照顧着自己的女兒，主人方面即使不要人家報恩，但人家倒會來報答你。如果女僕是農家的女兒，便會時常拿蔬菜，水果，果樹，園樹，或其他農產物送來，如果父母是商工階級的人，便會送精緻的工業品來。做父母的所以感謝，並非因爲女兒得到工錢，或衣裳，而是因爲女兒所受的實際教育，暫時當做主家的義女，在道德上以及物質上各方面都來照顧。僱主方面又爲了人家這樣送禮來，自己有時也會送點禮物做爲女兒的妝奩。這個關係完全是兩個家族的關係，而不是個人的關係，這同時是一個永久的關係。這樣的關係，在封建時代，有時一直維持到好幾代。

現在依舊殘留着的這些例所示的族長的狀態，確成爲使生活容易而愉快之助。但從近代的見地來講，這是可以加以非難的。其中被視爲最壞的一點，是其道德價值過屬保守性，在新的方面，這樣的做法，有着抑壓努力的傾向。但這些情形現在還殘留在那裏，這表示日本昔時生活的魅力今猶殘留幾分。這些情形已經消滅的地方，其魅力也永久消失了。

現在還有第三種壓迫，必須加以考察——這是藉官方的權威加在個人上面的抑壓。這種壓迫，也有種種舊的遺風，但這除了黑暗方面外，也有着光明的一面。

我們已經說過，個人已經合法地免除了古來的許多義務。個人已經沒有必須從事於某種特殊職業的義務，個人也可以去旅行。也可以自由和高於或低於自己的階級的人結婚。改換宗教，也不受禁止。他只要自己不怕危險，可以做許多事情。不過法律上許他自由去做的事情，有時從家族與社會來看，倒不好這樣做。從前的感情與習慣的固執，使得法律上給與的許多權利，變爲無效。和這完全一樣，個人和比他高權威者的關係，雖有國家的法律，現在還是由古來的許多抑壓及強制而來的傳統支配着。照理來講，才能精力拔羣的人，應該飛黃騰達，一直爬到最高的地位，但和私的生活現在還是給從前的共同主義支配着一樣，公的生活現在也是給階級或藩的壓制政治的遺風所支配。有才能的人沒有別人的援助而獲得高位權勢的機會極少。因此反對集團的思想或行動、單獨競爭，幾屬無望。只有商業或產業的生活，現在對有才能的人給與着很好的機會。出身微賤而在宦海成功的極少數的有才學的人，主要由於黨派之助或藩的愛護。要世間認識個人的才能，必須集團與集團對抗。除商業之外，任何人獨立單靠競爭成就一件事情，大概辦不到。無論在那一國，個人的才能必定遭遇許多種類的反對，這是事實。又嫉妬與無慈悲的階級偏見，在社會上給與很大的影響，這也是事實。這些東西阻止最優秀的才能以外的人的成功。而在日本，社會的特殊組織援助着阻止出身微賤而有才能的人成功的社會策謀。因此這社會的策謀變成極有害於國家的東西。——因為在通日本的歷史中，像現代這樣應該不問階級地位而需要最高俊才的最高能力的時代，從來沒有。

　　但這樣的事情，在復興改造的時代，是不得已的。政府在其許多事業中，甚至於在一個部門中也沒有十分報答俊才的功業，這個事實特別顯著。人無論如何努力，以求政府的贊賞，但其報酬，僅僅是名譽和勉強可以維持生活之資而已。最有價值的努力，其所得報酬，和最沒有價值的努力一樣。最大價值的服務，由人看起來，和並不怎樣重要的事業是一樣的。（顯著的例外，並非沒有，但我所說的是一般的通則）有異常的精力忍耐及才能，又有階級援助的人，如果爬上一個地位，這個地位如果是在歐洲，不僅名譽，生活的安樂也可以得到保證。但是在日本，這種地位的報酬，幾不能維持實際的生活費。不問其為陸海軍或司法、教育、遞信、內務諸部——報酬的差異表示着才能及責任的差異的地方，一個也沒有。官階一層一層地上去，薪俸倒沒有甚麼特別的差別，——因為費用隨官階的上昇而增加，完全和法律所規定的薪俸不相符。迄今一般的通則（註）是到處強迫以盡量少的錢，盡量多做事情。不知道這個國家的社會史的人，也許會這樣想像，政府對官吏的政策，不在於物質的利益，而在於給與空虛的榮位。但實際上不過是政府在近代形式之下維持了從前的封建的奉公狀態——簡單的說，就是作爲可以得到有名譽的生活之道的代償的奉公——罷了。在封建時代，農民爲了獲得生存的權利，被希望將其可以拿出來的東西，盡量拿出來，美術家或工匠，得到權門的愛護者爲幸運以此滿足。甚至於普通的武士，從他們的藩主所得到的東西，僅屬些許必要之物。得到必要以上之物，就算是非常的恩惠。而上面有所下賜時，每次都跟着有昇級。但是在支付金錢的近代制度之下，政府雖還巧妙地維持着同樣的政策，除了實業方面以外，生活到處顯得困難，不能與封建時代相比。從前最窮的武士，其生活也有保障，如無過失，地位就沒有被褫奪之虞。從前教師雖無薪金，但社會的尊敬與弟子的感謝，使教師保障了相當的生活。爲獎勵地位微賤的天才工人，大諸侯競相愛護他們。諸侯們也許希望天才者滿足於普通的薪金，但他們給與保障，使其不陷於貧窮困苦，又給他充分的時間，以完成其工作，如此講求他的最大傑作確實受人珍重讚賞的手段，而使他歡喜。但現在的生活費已經漲到三倍四倍，因此連美術家工匠們，也以得不到盡量發揮其才能的獎勵的，偷工減料的工作，代替了昔時美麗的，有充分時間琢磨推敲的工作。於是工藝的最優秀的傳統，陷於滅亡的命運。今日的農業階級的社會，也不能說幸福於昔時法律上禁止沒收農民土地的時代，也不能說遠較那個時代好。而生活費只有增加下去，因此現代這樣經過悠長的次序做事的方法——在不久的將來成爲不可能，這是明顯的。

註：推事的薪俸，是一年七十鎊到五百鎊，後者是最高的數目。帝國大學的日本教授，其最高薪俸至今定爲一百二十鎊。郵局職員的薪水，僅能維持生活費。警察視地方而異，其一個月的薪俸由一鎊到一鎊十先令。小學教員的薪水更低（一個月九圓五角，約合十九先令）——一

個月僅得七先令以下者也很多。下表是一九〇四年的軍隊的薪俸，讀者看了一定有興趣。

	月薪	住宿費	合計
	圓　鎊	圓	圓
大將	500(50)	25.00	525.00
中將	333	18.75	351,75
少將	263	12.50	275.50
大佐	179	10.00	189.00
中佐	146	8.75	154.75
少佐	102	7.50	109.50
大尉(一級)	70	4.75	74.75
同　(二級)	60	4.75	64.75
中尉(一級)	45	4.00	49.00
同　(二級)	36	4.00	40.00
少尉	30	3.50	33.50

上開薪俸，約於二十年前制定時，房租頗廉，一個月三四圓，隨處可得很好的房子。今則不然，軍人在東京出十八圓或二十圓以下的錢，小小的家也幾乎租不到。食品也漲價三倍。但至今不聞不平之聲。軍人之中，其薪水不足以租屋者，則分借小室一間。多數人皆感生活之苦，但都以報國的特權爲榮，做夢也不想辭職。

如果政府是賢明的話，現在這樣的自己犧牲，不是可以無限制地要求的——許多人一定會覺得應該勸誘公明正大的競爭，改善待遇以鼓舞健全的自由主義，並以之登用人材。但政府外表雖如此，但實際行動則較爲賢明。數年前一個日本官吏曾對我說過這樣奇怪的話：「我們的政府並不想在必要以外獎勵競爭。人們沒有對付競爭的準備。如果勉強去獎勵，性格的最壞的方面將會露出表面來。」這句話將怎樣的政策實際表現到怎樣的程度，那我是不知道的，但西洋的自由競爭成爲現代這樣比較上有人情味的東西以前，我們需要積了怎樣的經驗，這點我們倒容易忘記

——不過任何人都知道，自由競爭易成為殘酷無情的東西，這點不弱於戰爭。在數百年間將利己的競爭當做犯罪受教的一國民之間，突然獎勵單為了自己的努力，這樣的政策當然會被認為是拙劣的。十二三年前施行西洋式議會政治時，國民如何沒有準備，初期的地方選舉的歷史及第一議會的歷史，可為明證。在那喪失過許多人命的每次猛烈的選舉競爭中，實際上並沒有個人間的怨恨。在那因其粗暴致使外國人吃驚的議會的爭論中，個人間的敵意也是沒有的。政治上的鬥爭，實在不是個人間的東西，而是藩的利害關係，或者是黨派的利害關係間的東西。各藩或各黨的從屬者，將新的政治只認為是一種新的戰爭——為首領而戰的忠義之戰——不為正邪曲直等抽象觀念所左右的一種戰爭。我們如果想像，一國民的習慣，與其說是忠於主義，不如說是忠於人——含有不問結果如何的自己犧牲的節義——，便能明白這個國民的最初的經驗，對西洋所謂公明的勝負（fair play）沒有表示任何理解。這個理解將來或許會來到，但不會來得迅速。這是關於政治說的，但在政治以外的一切事情，即使使這個國民理解了他們有各隨自己的確信，為自己的利益，而與其所屬團體無關係地行動的權利，但其結果不一定是成功的；因為個人的道德責任的觀念，在集團的關係以外，至今尚未充分養成。

這個事實表示至今政府的力量主要是依存於固守昔時的習慣，以及從前一樣的敬虔的服從心。以後一定會發生很大的變化，但那個時候以前，必須忍受許多事情。法律上雖處於自由狀態之下，但像封建時代一樣服從官憲——現在還是以封建的精神，為政府犧牲一切，單純地認為這是一個特權，因此他們的才能，他們的精力，他們的極度的努力，甚至於他們的生命——認為當然的事情——認為國民的義務——也甘心提供的數千萬日本愛國者的堅忍的勇氣，在近代文明的歷史中，絕對沒有比這再令人感動的記錄了。實際上，日本人是作爲國民的義務而犧牲着的。日本處於英國的絕大友情及俄國的絕大怨恨之間，瀕於危險，——國家之貧窮，——爲維持軍備其財源逼迫，——甘於盡量少的東西乃屬各人的義務，——這些國民都知道。因此不平是不多的……。一般國民的單純的服從心，也同樣使人感動。尤其是關於廣求知識於世界的詔書，日本人的從順，尤具哀切之深。蓋爲過度用功自招死亡，視同普通的病死，如此忠誠的熱心，——驅小孩子們學習他們的小小的頭腦實在負担過重的學問（這目的雖好，但是那些一點也不懂得日本人心理的外國顧問們制作的），其努力甚至於損害了他們的健康，這樣的熱情的從順，——地震或大火的時候，少年少女拾破壞了的自家的瓦，用做學校用的石盤，把掉下來的石灰用做石筆，這種可驚嘆的不屈不撓的勇氣，——有談這些事情的資格的人，只有在一八九〇年代之初，或在其以前在日本居住的外國人。甚至於在大學的高等教育生活中，實在悲慘的事實，我也講得出來。——這是有很好的頭腦的人，爲了不堪裝進歐洲普通學生所能負担者以上的學問的重壓而挫折的故事，——瀕死而獲得勝利的故事，——在可怕的試驗時，學生所給的不可思議的訣別之辭等等。我的學生曾經這樣說過：「先生，我的答案做得不好，我是從醫院跑來受考的——我的心臟有病。」（他拿到畢業證書後不到一小時就死了）。（譯註）……而這樣的努力——不僅是和求學的困難奮鬥的努力，大半是和貧困，營養不良，生活的不自由奮鬥的努力——是只爲了義務，爲了求生的手段。只看日本學生不能理解和他所屬的民族的經驗完全不同的西洋的感情或觀念，以及他學習外國語時所犯的錯誤與失敗，便來批評日本的學生，這淺薄者的謬誤；要正當的批評他，必須先要知道他所能發揮的沈默的精神勇氣。

譯註：明治三十二年東京帝國大學英文學科畢業考試時學生牧野茅的故事。

官憲教育

國民性經數世紀的訓練而固定的程度，以及該國民性能抵抗外來變化的異常的能力的程度，得由國家教育的結果最顯明地看出來。全國民由政府受着歐洲式的教育。在全部科目中，除希臘拉丁的文學以外，西洋學問的主要科目都包含在裏面。從幼稚園到大學，全部制度只有外表是近代式的。但新教育的結果，無論在思想上或感情上，遠較人所想像的來得隱濇。這個事實，單拿古來的漢學在必修科中尙居重要地位一事是不能說明的，也不能拿信仰的差異來說明。其主要原因還是在作爲達到目的的手段的教育，日本和歐洲的概念根本不同這一點上。全日本的教育，雖是新式而有新科目，但還是以和歐式正相反對的傳統的方式爲其基礎。說到西洋的道德教育，從幼年時代起就對兒童的行爲加以限制。歐洲或美國的教師，對幼童頗爲嚴格。在西洋，將行爲的各種任務——個人的義務的「可」與「不可」——盡量提早懇切地敎給兒童，是重要的。以後就寬大得多了。對已達成年的男子，則使他了解他的將來繫於他自己的努力與才能。因此只在必要時加以勸告或警告，普通只叫自己解決自己的事。最後，將來有希望的人格高尙的學生，有的和教師很親密，有的甚至於成爲敎師的朋友，有甚麼困難的時候，隨時可以到敎師那裏商量。而在智力上及道德上，訓育的整個課程中，競爭一事不獨被期待，而且是被要求的。但從少年時代到成年，規律漸漸鬆弛，同時競爭更被要求。西洋的敎育目的，在養成個人的才能與人格，就是造成富於獨立精神力量充實的人。

可是日本的敎育，不管其外表如何，過去一直走着正和西洋敎育相反的路，現在還是如此。其目的決非爲獨立行動而訓育個人，而是爲共同的行動——而是訓育一個人使他適於在嚴格的社會組織中占有一定的位置。在西洋，壓制從幼年時代開始，漸漸鬆弛，日本的訓育，開始得較遲，而後來慢慢地變嚴格，但這不是教師或父母直接所施的壓制，——這個事實，如後所述，結果發生很大的差異。不獨在達到學齡（由六歲開始）以前，甚至於一直到比這更大的年齡，日本兒童所得到的自由，其範圍遠較西洋兒童爲大。雖有例外，但通常日本兒童的行爲，對於自己或他人並無任何害處，便隨他去做。他雖受保護，但不受抑制，雖受勸告，但很少受强制。簡單的說，他因爲可以任性頑皮，所以日本的俚諺說「七歲八歲最受人憎」。非不得已不加以處罰。這個時候，根據古來的習慣，家族全體——連僕人也在內——爲他討饒。如果有弟妹的話，他們便會請求替他受罰。毆打一事，只存於極粗野的階級中，並不是普通的處罰。罰還是用火炙的多，但這是嚴罰。大聲斥罵，或做凶臉恐嚇孩子，一般都認爲不好。一切處罰都要靜靜的加，處罰者一面加罰一面輕輕的訴戒。打孩子的頭，無論有甚麼理由，會被人視爲下等而無知的證據。抑制遊戲，改變食物，停止平常的娛樂，這樣的罰不是普通的。孩子做的事，應該十分原諒，這是道德上的法則。一上學校就開始訓練，但這最初是極輕的，差不多不能說是甚麼訓練。教員的行動與其說是像先生，不如說像哥哥，除了在大衆面前訓誡以外，沒有所謂罰。如果有所謂抑制的話，則是以一級的意見加在那個孩子上的。熟練的教師可以指導這個意見。各級在名義上又爲因人格智慧都優而被選出的一個或兩個級長或副級長支配着。不得不給與不愉快的訓誡時，被委任給與這訓戒的義務的，是級長。（這樣瑣細之點，亦有記述的價值，我所以引用這些瑣事，是爲了想說明在學校生活中意見的訓練和共同意志的壓迫，開始得怎樣的早，又爲了表示這個政策如何完全與日本人種的道德傳統一致。）到了高級，壓迫略爲增加，在高等的學校，壓迫更强。其支配之力總是一級的感情，而不是教師個人的意志。到了中學校，學生便認眞了。中學校的級的意見，甚至於教師也要順從其力量。教師若想漠視它，排斥教師之舉便會積極的出來。各中學校有被選舉出來的職員，他們代表着大多數人的道德上的規定——行爲的傳統的標準。（這個道德標準對於學生是不好的，但到處還是殘存到某種程度。）這個程度的日本學校還不知道鬥爭以及欺壓弱小的同學。這有明顯的理由。一個人發脾氣瞎鬧是差不多不可能的。在使一切行爲一律化的訓練之下，一個人發脾氣瞎鬧，或欲肆其威風，這是不可能的。統一一級的風氣，並不是要一個人支配多數，那是多數人支配一個人，那力量是大得可怕的。不問自覺與否，誰損害了一級的感情，他就要離羣孤立，——陷於絕對孤立的狀態。他未決心向大家謝罪以前，在校外也沒有一個人會來睬他，不把他放在眼中。即使他決心謝罪了，原諒他與否，還要投票的多數來決定。

這樣暫時的絕交，也爲人所畏懼，並非無理。因爲在學校社會之外，也被人當做是一種恥辱。而且這件事情的記憶，在他的社會生活中，永遠會纏住他。無論他將做怎樣大的官，怎樣發達，但曾經有一次受過全體級友的意見的非難這個事實，不能忘記罷，——即使後來境遇變遷，這件事情反使他有名也好……。在中學生畢業後再上去的大官立學校裏面，級的規律更加峻嚴。教師大半是想發達的官吏，學生是準備入大學的，除了極少數例外以外，都是將來做官的成人。在這冷靜有秩序的學生生活中，差不多沒有甚麼可以使學生歡喜的東西，而養成同情心的機會也少。集會學會等雖多，但這是以實際目的而設備或設立的。——主要是關於研究的特殊部門。沒有快快樂樂遊戲的時候，也不大想玩。無論甚麼時候總是嵌一種模型裏面的態度，爲傳統所要求着，——這個傳統的存在較任何官立學校爲遙遠。所有的人注視着所有的人，怪誕之風，奇拔之行，立刻爲人所注目，而徐徐被壓掉。在某學校維持着的這樣的級的規律的結果，外國的觀察者一定會覺得不愉快。關於這些官立高等學校，最使我感動的，是陰鬱的沈默。我曾經教過數年書的那個學校——全國最保守性的學校——有充溢着精神精力的一千個青年。但在上課時間與上課時間外的空時間，以及在運動場，庭園，以及在體育場上運動課的時間的一般的沈默，怪覺得有逼人之感。看過他們踢足球，但能聽見的只有踢球的聲音。在柔道場看過柔道比賽，其中說話聲音有時一停半個鐘頭。（柔道的規則，不獨要求沈默，又完全抑制觀者洩露感情於外。）這個抑制，我最初覺得非常不可思議——雖然知道三十年前武士學校的訓練，同樣要求無表情與沈默。

最後到大學——這是到官廳去的公式的大門。在這裏級的意志繼續在某方面仍舊支配着他，但學生（註）知道以前在他的私生活上所加的抑制，已經免掉。通例學生畢業後入官吏生活，結了婚，變成一家的主人，或者不久成爲一家的主人。在他的經歷中，這個時代的變化如何急激，只有實際看過那個變化的人想像得到。日本的教育的意義，充分開始實現，是在這個時候。

註：這是最近開始的事情，據學生們自已承認，結果並不好。在二十五年前，上大學讀書，極受人重視，如果因自已不好而落第，那個學生會被當做罪人看待。當時有學生到大學（大學南校）念書，親朋送行時，輒唱「男兒立志出鄉關，學不成名誓不還」之句。又那時凡爲學生者，衣食須樸素，一切任性的行爲是要愼避的。

在日本的生活事件中，最令人驚異的，莫過於魯鈍的學生，搖身一變而爲威風堂堂，態度鎭定悠靜的官吏。眞沒有多少時候以前，他還是個手拿着帽子，恭恭敬敬地聽着人家說明文章或外國語的成語的學生。但今天他或許在一個法院裏辦着案子，或許在大臣之下管理外交文件，或在管理一個公立學校。他作爲一個學生的特殊才能，他人無論如何批評，他現在對於他被招而所占的地位特別適應一事，却是毫無可疑的。他任官時他的學問的好壞，即使會被考慮到，但是擱在後面的——雖然他求學的目的，是在學問的上進。他因具有某種人格或有那種希望而被遴選後，他就受高級者的庇護，而使他經過特殊的過程。他也許有特別的情形，特別的提拔，但一般的說，有能的人物會被置於有望的地位。政府是絕少估計錯誤的。這個人物具有單以學問來估計以上的價値，——例如管理方面或組織方面——或者有因修養而得的天賦力量或技能。根據他的價値的種類，他的地位預先爲他選定了。他的長而辛苦的學生生活，教給他書本所能敎給他以上的東西，使他學得了愚笨的人決不能學會的東西；這些東西就是人的心或動機的讀法，解釋法——無論甚麽時候不露感情於色——只提出一二個問就能迅速把握眞相的方法——（甚至於對舊時甚識的最親密的人也）留心不給他看破自己的事情——最親愛愉快地和人相接的時候，心的深底還是深藏不露的本事等。他熟悉處世的才智了。他是實在可驚的人，他是在他的民族中極發達了的模型，而在他的外表上露出的學識，不大可用以估定他的優劣，因此沒有經驗的外國人不能够判斷他。他的大學的學問——他的英語，法語或德語的知識——只能用做圓滑地開動政府的某機器的油罷了。他只把這個學問當做爲了某行政目的的手段。他的更顯著而更深的實際學問，是表現他的日本人的精神的發達的。他的心和西洋人的心，其間的距離已經難以測度了。到了這個地步，他比以前越發滅却自我，變成是自己而不是自己的人了。他現在屬於一個家族，一個黨派，一個政府。作爲私人，要受習慣的掣肘，作爲公人，要順從命令而行動。違反命令的時候，縱令其如何高潔，如何合乎道理，做夢也決不能做這事情。一句話有時會招至滅身之禍，因此他學會了沒有必要就一句話也不講的本事。只要默默地服從命令，孜孜不倦地遵守義務，他便能榮達，出乎意料地榮達起來。他會成爲縣長，成爲法院長，成爲大臣，成爲全權大使，不過隨着他的榮達，他的束縛會越發加重罷。

謹慎與自制的長時期訓練，實在是官吏生活的必需條件。將獲得的地位維持下去的能力，以及毅然辭職的能力，也多靠這樣的訓練。官吏生活的最壞之點，是缺乏精神的自由——缺乏根據自己的正義信念而行動的權利。特別是想維持自己的地位的屬吏，不會有獨自的信念或同情心——不過有長官許可者，自屬例外。他不是一個人的奴隸，而是一個制度的奴隸——和中國的一樣古舊的一個制度的。如果人的天性是完全無缺的話，那個制度也是完全無缺罷。不過人的性質，既然在將來也和現在一樣，這個制度是有許多應加以改善之點。萬事可以說懸於暫時受託大權的人們的人格。而爲壞主人所使用的最有才能的奴僕所應選擇的唯一方法，可以說就是離開這個主人的家，或者去做壞事，這兩者中之一個，如果是剛强的人，碰到這樣的問題，就會勇敢辭職，不過怯懦者與强者之比，是五十人對一人。不管是那一種命令的違反，凡是關於違反命令的犯罪的古來的觀念，至爲深刻，和犯這個罪的可怕比較起來，拋棄地位不算是一回甚麼事了。和教義的信仰已經消滅之後宗教的形式依舊殘留一樣，甚至於强制良心的政府的力量還是殘留着，——雖然現在已經不能說宗教和政府是同一物了。澈底嚴守秘密的做法，幫助維持了行政上的權威的觀念上一直附隨而來的漠然的畏懼心，而這樣的權威，在我所示的那些範圍內，實在是全能的。得權威者的寵遇一事，恍如得到快樂的幻象似的聲望一樣，整個社會，整個都會，聽了有權威者的一句話，便會笑臉向那個人。那個人看了，滿心歡喜，洋洋得意，自以爲自己有可以受到世界所能給與的最上的東西的價値了。假定後來有權威者認爲他有礙於己。那末只要一句低低的聲音發出來，他不知不覺之間已經變成公敵了。沒有人向他說話，沒有人向他寒暄，沒有人向他笑了——偶而有的話，那不過是諷刺的笑罷了。長久尊敬着他的朋友們，在路上看見他，不聲不響地走過去，如同生人一樣。即使他趕上去，以滿腔的熱誠去招呼他們，他們也只會極小心的回答，盡量少說幾句話。大概他們也不知道這是「爲了甚麼」。他們所知道的，只是他們是聽從命令做着的，命令的理由，最好是不去考究它。在路上玩着的小孩子們，這點也曉得，他們也來嘲笑失望着的命運的犧牲者。連狗也本能地察知其變化，當他過來時朝着他吠……。做官後招致不愉快的結果是這樣的。大的過失或規律的違反，也許比這更厲害——不過在封建時代，違反者只被命令切腹吧。有時惡人獲權勢，這個權威的力量也許會用在邪惡的目的上，這個時候，若要違反有悖良心的命令而行，一定要不少的勇氣。從這種壓制的最壞的結果拯救了從前的日本社會的，是大衆的道德的感情，——就是潛藏在一切服從之下的感情，如果被壓迫得太殘忍，就會發生反動的感情。在今日之狀態下，要行正義，較從前容易。不過官吏在新的政治生活的暗礁漩渦中，安全地把舵前進，是要大的手段，堅實，以及果斷的。

讀者已經了解作爲一個制度的，官憲教育的一般性質，目的，和結果吧。同樣，我們來詳細考察表示着過去的狀態與過去的狀態的復活的學生生活的某方面，也有價值吧。我可以從自己做教師的經驗——差不多十三年間的經驗，來談這些事情。

讀過歌德的人，當記得「浮士德」的第一部裏，爲梅非斯特非列斯博士所迎的學生的信賴心深深的柔順，以及在第二部作爲巴卡拉烏列烏斯而再度出現時的，同一個學生的非常不同的態度吧。曾經在日本待過的外國教師中，根據自己的經驗，想一想這個對照，而懷疑日本政府初期的教育顧問，雖然判無惡意，是否演過梅非斯特非列斯這個角色的人，一定不止一個……。把菖蒲的花當做禮物，手拿一枝馥郁的梅花，單由於天眞的尊敬之念，殷勤訪問外籍教師的溫和的中學生——規規矩矩依從命令做去，以其同年紀的西洋少年少見的認眞，信賴，及舉動的優雅使人魅倒的那個少年，在未成爲巴卡拉烏列烏斯的長久以前，老早注定了要受不可思議的變化的命運。卽諸君在數年之後，或許會遇見身穿高等學校制服的他，但那時已經難以認識他是以前的中學生了，——他現在已經沒有優雅的地方，沈默無言，甚麼事也不跟你講，來託你做差不多可以說是無禮的事情，好像這樣要求是他的權利一般。他的態度活像他是一個保護者——不，我們可以知道他的態度比這更壞。後來上了大學，他的應對辭令更是死守禮節，但他已經是冷淡的人物了。記得他少年時候的人，看見這樣的變法，覺得十分痛苦。和這個外國人的心及那個從前的學生之間，現在展開着的看不見的深淵比較，太平洋也覺得狹而淺了。外籍教師現在只被當做教書的機器。他的心中所感覺到的痛苦，更甚於後悔他過去那樣努力維持他和學生間的親密的關係。實在政府的教育的全部形式的制度，使得這種親密的關係不能有任何發展。關於這個事情，我說的是一般的事實，而不是單講個人的經驗。外國人爲希望接觸到學生的情緒生活，或爲喚起某種學問的興趣，以獲得知性的關係的希望，縱令怎樣努力，也是徒勞而已。千中二三，他也許會得到可貴的東西——根據道德的理解的永遠而有溫情的尊敬。不過他要是想求得比這以上的東西，就一定會像南極的探險者，在給那千古的冰閉鎖着的無邊的斷崖之間想找尋一個灣口一樣，終於徘徊數月，而一無所獲。但就日本教師來講，他們和學生間的關係，並不如此。日本教師強迫學生極度用功，而學生倒服從他，在課堂外面也容易和學生親近。他又能得到外國人斷難得到的學生的心服。這個差異，過去一向以爲是由於人種的感情，但這事並不是這樣容易漠然地加以說明的。

人種的感情的確是有幾分的，決不能說沒有吧。沒有經驗的外國人，無論和任何日本人——至少是沒有在外國待過的任何日本人——對談半小時，就會說出損害那個日本人的好趣味和感情的話；同時沒有到海外旅行過的日本人，用歐洲語言作一次簡短的談話，也幾乎沒有一個人（恐怕沒有一個人）不留下使得對方聽的人驚詫的印象。像這樣在根本不同的心之間，求得有同情的理解，殆不可能。不過進而去求這不可能之事的外籍教師——他因可以希望西洋的學生會很容易的理解他，因此便同樣向日本學生要求的外籍教師——其所以驚詫，自屬當然。「在我們當中總有一個世界那末大的距離存在着，這是什麼道理？」這是時常聽到的質問，但能夠答覆的人很少。

這個理由，讀者現在已經大概有幾分明白，但其中理由之一——而且是最希奇的理由——恐怕還不知道吧。未講這個理由以前，我先應說明外籍教師和日本學生間的關係，是人爲的，但日本人教師與學生間的關係，根據一貫的傳統，是犧牲與義務。學生對外籍教師所取的不冷不熱的態度，無論甚麼時候都使他掃興的冷淡態度，大部分基於由完全不同的義務觀念而來的誤解。大凡古來的感情，在許多舊形式消滅之後，還是不絕如縷地存在着的。而封建的日本，在近代日本殘留得如何之多，這是外國人誰也不能馬上判斷得出的。現存感情的大部分，恐怕是像遺傳一般傳下來，並不是新的理想代替了舊時的理想，在封建時代，教師是不受薪水的，他被希望將他的時間，思想，以及力量完全貢獻給他的職業。他的職業附隨着很高的名譽，因此報酬是不計到的，——教師完全靠着父母和學生的感謝。一般的人認爲師弟的關係是非常强大的。因此也有過這樣的武將，在遭遇襲擊之前，想盡方法使他從前的恩師脫離包圍。他認爲至少恩師的生命要保全。師弟間關係之强，僅次於父子關係。教師爲了弟子，不顧任何犧牲，弟子爲了教師也隨時可以甘心去死。不過實際上，日本人性格的利己的激烈的方面，開始露出表面來了。但是我們只要舉一個事實，就可以知道那樣多的往昔的感情，堅强地殘留在比較從前粗野而新的表面之外。大凡在日本成就的，幾乎所有的高等教育事業，雖有政府的援助，却是個人的犧牲的結果。

這個犧牲的精神，支配着社會所有的階級。政府的錢多年來專用於一般教育事業，這是人所共知的。但顯宦富豪以及上流的人們，拿私費教育着學生的事情，亦人所周知。這樣的援助多數是完全不要報償的，但有少數的情形，將學生的費用換算好，使他將來有一個時候分別償還。讀者大概知道從前的諸侯爲扶助家臣的生活，總是將他們的收入的大部分用在這個上面。諸侯供給數百個家臣，或數千人，有時數萬人的生活必需品，而作爲其報酬，要求軍務，忠誠，以及從順。這些從前的諸侯或他們的子孫——尤其是現在還是大地主的人們——今日競相補助教育。負担得起費用的人，教育着從前的家臣的子孫，受這愛護的人們，年年由舊領地所設學校的學生中選拔出來。現在每年能够養成許多學生的人，只有富有的貴族，位雖高而收入不怎樣豐富的人，不能照顧許多人。但是所有的人，或幾乎所有的人，都來照顧着多少。保護者的收入不多，要學生約定畢業後償還，否則不堪負担的人，也做着同樣事情。有時保護者只負担費用的一半。

這些貴族的風氣，又廣爲社會其他階級所模倣。商人、銀行家、製造業者——商工業界的所有財主——都教育着學生。軍人、文官、醫生、法律家，簡單地說，一切職業的人們，都做着同樣事業。收入少，不能養成許多學生的人，也將學生用做看門人、傭人、家庭教師等，以些許工作的代價，給他食宿在家裏，時時給他點零用錢，這樣來補助學生。在東京及其他幾乎所有的大都市，幾乎所有的大家，把這樣的學生用做門房。至於教師們所做的事情，那要特別的記述了。

公立學校教師的多數，沒有受着足以金錢來補助學生的薪水，但生活有餘裕的教師，都給着多少補助。在高等程度的學校的教師與教授之間，補助學生一事，似乎認爲是當然的。而其所謂「當然」，過於走向極端，尤其是看他們薪水的菲薄，甚至於令人覺得這是不是另一個「習慣的壓制」。不過表現於特殊情形中的，甘心去犧牲的精神，以及忠於封建的理想主義，不能只說那是習慣的壓制就算完了。例如大學教授某氏，多年之間，差不多將自己所有的薪水分給許多學生，照顧他們，教育他們。那些學生的衣食住書籍學費，都由某氏負担，自己只留下生活費。而他的生活費，據說僅僅是吃烘山芋過日子的程度。（如果想像在日本的外籍教授，爲了義務教育許多貧窮學生，自己只吃麵包和水過日子，那便怎樣！）我還知道兩個差不多和這相同的兩個例。一個是七十歲以上的老人，現在依舊將他的金錢、時間、知識一起貢獻給義務這個他一向抱着的理想。這一類的，沒有人知道的犧牲，不知道由生活沒有餘裕的人提供着多少吧！實際上，公開這樣的事實，只會使他爲難。連記述引起過我注意的事情，也難免輕率之譏，——這樣記述雖能表彰一個人的美德……。日本的學生既然看慣本國教授的這種獻身的行爲，那末比日本同事薪水拿得多，然而沒有理由模倣也不想模倣日本人教授的做法的外籍教授（譯註），即使對他們表示了關心與同情，當然不會受到多大感銘的。

譯註：小泉先生對日本學生有這樣的補助，這是事實。

雖遭遇不可想像的困難，這個教育上犧牲自己的義俠行爲，的確足以補救教授上的許多錯誤。近年教育界雖盛行腐敗事件——官場的疑難官司、陰謀、虛僞——但只要出自慈愛之念的獻身的行爲繼續支配着學生世界，那末必要的改革一定能做成功。我又敢說官吏的疑難官司與失敗，起因於政治干涉了近代的教育，以及企圖模倣和國民道德上的經驗完全不同的外國的傳統的方法。日本保守着古來的道德理想時，日本弄得很好，但無此必要而從這個理想離開時，不幸與困難便作爲自然的結果而發生了。

在近代教育的其他事實中，有的又頗能暗示有那末多的從前的生活現在還隱藏着，又在知識階級的人們中，有那末多的日本人的特性殘留着。我主要指在海外的日本人的教育——在德國、英國、法國、美國諸大學的一種高等特別教育而言。在某方面，這些結果，至少根據外國人的觀察，是不滿足的。想到很大的心理方面的差異，——習慣與心理狀態的完全相反——便知道日本學生在外國完成了實在驚人的事情。用那在日本的文化中養成，裝滿了漢學與漢字的頭，在歐美的有名大學畢業，這是驚人的本事。這個本事，差不多等於美國的學生在中國的大學畢業。海外留學生的確是因其有能而被選出來的人們，達到這個使命所不能或缺的一個資格，是普通的西洋人難以比肩的優秀，由其質而言，是完全不同的記憶力——微細之點也能諳記無遺的記憶力；這倒不必說，總之，這是眞正驚人的事情。不過這些年輕的學者們，一旦歸國，除了他專攻的學科是純粹屬於實用方面的，其餘方面普通一回國就完了。這是不是因爲西洋的學問，他們不能獨立研究嗎？還是他們在獨創的思想方面的無能，有組織的想像力的缺乏，不關心，或冷淡呢？日本民族那樣長久服從過來的，那個可怕的精神上及道德上的訓練的歷史，的確暗示着日本人的心是有這種能力的不足。這些問題——據我想像，除了極顯明的對於學問的冷淡以外——尚未能加以說明。不過還有一個問題，必須離開能力或適宜不適宜的問題來考慮的，——就是在本國的研究，尚未有過適當的獎勵。這個眞相，送青年學者到外國學問的本地，不是爲了貢獻一生於心理學、言語學、文學、或近代哲學的研究，而是在其他目的。留學的目的，是爲了辦理政府的事務，獲得比純粹學者更高地位的資格。而他們的留學，不過是他們做官履歷中的一個義務性質的插話而已。各人要學習西洋人在某方面如何研究，如何思考，如何感覺，又知悉在那些方面的教育上的進步的範圍，而各盡自己的義務。他並沒有被命令去像西洋人一樣地去思想，或感覺，——這在他到底是不可能的。於他自己，除了應用科學的範圍以外，對西洋的學問，沒有甚麼深的興趣，恐怕也不能有這樣的興趣。他的任務是，不是從西洋人的見地，而是從日本人的見地學習如何去理解這些東西。但他只是正確地去做被命令的事情，很少超過範圍。他因爲得到被命令的範圍的經驗，政府優遇他的程度，會增加兩倍四倍。但是在本國——做爲教授或講師的義務年限以外——他恐怕只將其經驗當做一種心理的衣服——只在事務上必要的時候，用做一種心的制服。

爲研究外科學、醫學、軍事的特殊研究等，不獨要理解與記憶，還要手頭和眼睛的生來的機敏的科學，而被命令留學的人，情形當然兩樣。我想勝過日本外科醫的平均能率者，世界上沒有。戰術的研究，由國民的精神與性格看來，不待我說是有傳統性的長處。不過只爲了獲得外國的學位而被命令留學，而在義務年限之後，可以昇爲高官的人們，好像不大重視在外國所得到的知識。不過卽使他回國後更加努力，使他名聲響遍西洋諸國，其努力一定需要許多金錢上的犧牲，而其結果，尚未充分爲自國人所認識。

現在在西洋也會有人偶然這樣想：從前的埃及人或希臘人，如果和現代的西洋文明那樣的文明——單去羅列其名，也會成爲一本字典的應用數學，各種科學，以及分類更細的科學的文明——突然發生危險的接觸，他們便會怎樣？近世日本的歷史，極明瞭地說明着持有基於祖先禮拜的一種文化的聰明的國民，每次遭遇這種情形時，怎樣對處過。他們爲了對付突如其來的危險，一定很快地改造了他們的族長的社會。他們一定非常驚人地巧妙地採用了他們自己所能使用的一切科學機器。他們爲了學習外國的習慣，以及獨得施行外交任務的技術，一定派年青的貴族到外國留學了。他們一定設立了教育的新制度，强迫他們的孩子們學習許多新的事物，——但是對於外國文明的高尚的，情緒的，而又知的生活的方面，當然採取了不關心的態度。外國的最傑出的文學、哲學以及寬容其異說的種種宗教，對於他們的道德上及社會上的經驗，一定不能有所影響。

回想

我在以上諸章中企圖傳達關於日本的社會史的概念，以及關於形成並鍛鍊了日本的國民性的各種力量的性質，不過這個企圖現在不用說是不充分的，關於這個問題，能令人滿意的著述，其出現尚在遙遠的將來。不過日本是只能通過其宗教與社會進化的研究來理解的，關於這點，我相信已經充分地表達了。日本正在利用着西洋的應用方面的科學，以絕大的努力將數百年間的事業僅僅在三十年間完成，這樣來維持着西洋文化的一切外形，但在社會學上，則仍舊保持着在古代歐洲基督出現前數百年時的狀態。

不過無論如何論述其起源與原因，我們靜靜地看這在人類進化過程中和我們非常不同的奇異的日本之樂，是絕對不會因此而減殺的。在「舊日本」之中今猶殘留的驚異與美，不會因爲知道了其產生之情形而輕減。和往昔一樣的富於溫情的優雅的風俗，並不會因知道了這是千年之間在嚴罰主義之下養成，於是感覺不到它的魅力。眞正不過是在數年以前，到處人是一般地殷勤，鮮有爭執，即使我們知道了這是因爲在好幾代之間，庶民間的吵架是受嚴厲處罰的緣故，或又知道了雖有這樣的嚴罰而不時因爭吵而發生的報仇的習慣，使得所有的人謹愼其言行，但我們住在這個國家感覺到的舒服，是不會因此而減少的。卽使聽到從前有一個時代，凡屬從屬階級的人，忍受着痛苦也要微笑着，否則生命就危險，但一般人們的微笑，不會因此就不會動我們的心。又受過老式家庭教育的女人，卽使代表着正在消滅中的一個世界的道德觀念，而我們雖又不能充分推測爲造成這樣的人物所需要過的犧牲——難以計量的痛苦的代價，但她的溫柔之感不是因此而會減少的。

不。在這往昔的文化中殘存着的東西，充滿着魅力——難以筆舌表現的魅力，而無論誰也好，感到過這個魅力的人，看見它漸漸滅亡，一定會感覺到一種悲哀的。有着藝術家與詩人的心的人，卽使認爲曾經支配過這個神仙之國，而形成了它的精神的無數壓迫，是實在難受，但他還是不能不讚美愛好其最善的結果。所謂結果就是從前的習慣的純樸——風俗的溫厚，習慣的優雅，——接待賓客時表現的巧妙的手腕，無論在甚麼時候，只將性格的最好最光明的方面表露在外面的不可思議的力量等。從前的家庭宗敎中，——每夜點在死者靈前的小小的燈，些許進薦的食物，迎接來訪的精靈的火，給精靈坐回其休憩處的小小的船——這些東西裏面含着多少連那極不關心的人也會感動的，情緒的詩趣啊。而這從太古傳來的孝道之敎，又何等的向義務，感謝，獻身等强要一切可畏而又崇高的東西，——而不可思議地激動我們的不絕如縷的宗敎本能啊。又給這個敎所訓練的，比我們更美的性質，我們看起來又何等的接近神啊。在神們面前，有趣地混合了歡樂和虔敬的，那個氏神的祭禮，何等奇妙地含有不可思議的魅力啊。從孩童的玩具以至於王侯累代的寶物上，留着印象的——以一羣佛像使寂寞的境地熱鬧起來的，或在路傍的岩石上鐫刻經文的——佛敎藝術的羅曼斯，又是何等有趣的天地啊。這佛敎空氣的平和的誘惑力——大梵鐘殷殷的鳴聲，——不怕人的動物——一聲呼喚，便會高舉羽翼舞下來的鴿子，浮出水面找餌食的魚——這些東西作爲常住之地蝟集着的深綠和平的寺園，雖能忘記這些啊……。我們雖不能進入這往昔東洋的精神生活裏面，——企圖進入「舊日本」的思想情緒裏面，正如反溯「時之流」，企圖走入已經消滅的往昔的希臘都市的生活一樣。雖則如此，我們又像神話裏闖入魅魍之國的放浪者一樣，永久被這樣的幻影所魅惑。

我們知道這裏面容易引起許多的錯覺（不是關於目所能視的實體，而是其意義），不過這個錯覺爲甚麼能夠吸引我們，活似曾見了甚麼樂園一樣呢？——爲甚麼不能不承認那在思想上像蘭基茲時代的埃及一樣和我們懸隔着的一種文化，有道德上的魅力呢？我們實在是給那拒絕承認個人的一種社會訓練的結果所吸引呢？——給那强迫抑壓個人的人格的祭祀所吸引呢？

不。那個魅力是從這過去的遺影給我們表示着遠較過去或現在爲多的事實，——在沒有比這以上更充滿着同情的天地，表示着某種高尙的將來的可能性的事實而來的。數千年之後，也許會發達一定能夠完成「舊日本」的理想預先表現了的道德狀態，——本能的無私，爲他人謀幸福是人生之樂的一般人的思想，關於道德美一般人所抱的一種觀念的一種人道。而等到一個人處世，除了自己的良心以外，甚麼法典也不要的時候，就是實際上神道的過去的理想得到最優美的實現的時候罷。

這樣成立的社會狀態，可以說比美麗的海市蜃樓更美罷。具有大魅力的單純的性格，固然是固定的，但是根據社會狀態在民衆之間發達而來的。「舊日本」，講其進化的程度，遠較更進步的西洋社會在數百年之間所達到的，更高尙的道德理想的完成接近一步。如果沒有那在武權抬頭後連綿一千年間的戰亂，那末社會訓練作爲目標的道德目的，也許更加接近。不過這個人的性質的善良方面，克服了更黑暗更殘酷的諸性質，而更發達了的話，那末其結果對於國民也許是不幸的。爲利他主義支配到喪失了侵略與狡智的能力的所有國民，將不能在這個世界的現狀之下，和那在戰爭的訓練和競爭的訓練下鍛鍊出來的種族對抗，而保持其地位。將來的日本，如果要在世界的競爭舞台收穫成功的話，便要倚賴在他們的性格中和溫厚的部分正相反對的許多性質。日本有使這樣的性質强力發達的必要罷。

日本如何强有力地使這種性質向一個方面發達了，現在和俄國之間進行的戰爭，給我們驚人的證據。不過日本這樣出人意料地表現了戰鬥力的背後所潛伏的道德力，的確是靠了過去長期間的訓練的。日本國民因默從變革而被隱藏的精力——浸透在這由四千萬人而成的集團的不自覺的勇氣，——天皇的一聲命令，立刻在建設上也好，破壞上也好，能夠發揮出來的潛伏力，——這是膚淺的觀察者所不能看出來的。人們也許會期待具有這種軍事上及政治上的歷史的一國民的領導者們，能發揮外交及戰爭上最重要的一切能力。不過如果沒有集團的性格——以風浪一般偉大的力量服從命令而動的資質，那末這樣的能力也差不多可以說沒有價值罷。日本的眞正力量，現在還是存在在它的一般民衆，——它的農民，漁民，工人，勞動者，——在田野勞動，或在都市小街巷中從事最低賤職業的能吃苦的溫和的人們的——道德性之中。這個民族的一切不自覺的壯烈的氣質，存在於這些人們之中，而這個民族的一切可欽佩的勇氣，——不是隨便輕視生命，而是服從那死後賜與榮譽的，天皇的命令，不辭犧牲生命的勇氣——也存在於這些人們之中。這次戰爭中被召集出征的數萬青年之中，吐露希望太平無事光榮凱旋的話的人，一個也沒有。口中吐露出來的唯一希望，是被祭祀在那個爲天皇及祖國而死者之靈來集的招魂祠——「靖國神社」，而長爲世人所記憶。古來的信仰，沒有比這戰爭的時候再强的時候了（註一），俄國要比連發鎗或白帽魚形水雷更怕這個信仰罷。作爲愛國之宗教的神道，如果使其充分發揮力量，不獨會影響整個遠東的命運，而且是能影響文化的將來的力量。說日本人對宗教是冷淡的，批評日本人沒有比這再不合理了。宗教和過去一樣，現在還是日本民族的眞生命，——是他們的一切行動的動機，指導的力量。是實行與忍苦的宗教，是沒有虛僞與僞善的力量。由此特別發達的許多性質，就是使俄國驚愕的性質，今後也許會給與俄國更多的苦痛與驚愕（註二）。俄國本來想像着兒童似的稺弱，但意外發見了驚人的力量。本來期待着膽怯與無力，却遭遇了英雄的行爲。

註一：第二次封鎖旅順口後，日本艦隊司令長官東鄉海軍中將，曾奉勅語嘉奬厥功，而中將之答文，將神道的特色發揮無憾。其文曰：「爲第二次封鎖旅順口之舉，承賜優渥勅語，匪特臣等不勝感激，而戰死將卒之忠魂，亦覺永留戰地，以庇護皇軍（臣等益將勇奮，以副聖旨）」譯自一九〇四年三月三十一日「日本時報」。」寄與勇敢的死者的這種思慕與希望，在撒拉海戰之後，希臘諸海將也許也說過同樣的話。幫助希臘人防止了波斯的侵入的信仰與勇氣，其性質正和現在助日本抵抗着俄國的宗教性的壯烈勇武相同。

註二：今年四月二十六日被俄艦擊沉的運輸船金州丸上將士的行動，一定使敵人有所反省。敵人雖給與了一小時的考慮時間，但士卒不肯投降，用步鎗向戰鬥艦開火了。當金州丸被水雷擊成兩半沉沒之前，多數將卒都先行切腹了……。這個壯烈的過去封建時代精神的發揚，表示即使俄國戰爭獲勝，也一定要付大的犧牲才行。由於非常的理由（誰也不知道要繼續到甚麼多時候的）。

這個可怕的戰爭，實在是十分遺憾的事情。關於產業的理由，也是其中主要理由之一。戰爭一時必定會防止那助長近代國民繁榮富裕的健全的獨立心的一切東西。企業衰落，市場蕭條，製造停止。不過在這異常的民族的非常時期，戰爭在社會上的結果，會成爲某種程度的利益的可能性是有的。在戰爭之前，以數百年的經驗建設成功的諸制度，有了尚非其時就崩潰的傾向，——道德也有了將要崩潰的重大危險。這個大變革今後一定會發生，——爲了這個國家的將來必須變革一事，——好像沒有議論的餘地罷。不過這樣的諸變革，是應該慢慢去做的，——避免國民的道德組織陷於危險，慢慢去做。爲了獨立的戰爭，——賭國運進行的這個戰爭，——一定會加倍强化從前的社會的結合，有力地復活忠誠與義務的古來的感情，並加强保守主義。這在某方面也許是一種退步罷，但在另一方面，則是一種活潑的氣象罷。大和魂遭遇俄國的威脅而再度復活。日本如果獲勝，日本在精神上將比以前更强。那個時候，自信的新的觀念，以及獨立的新精神，也許會表現在國民對外國的政策及外國的壓迫的態度中。

——當然會有自我陶醉的危險罷。海陸兩方面都有力打破俄國的國民，也許會相信同樣能夠在他們自己的領土內和外國的資本競爭，而關於外國人的土地所有權的問題，他們也許會說服政府，强迫政府，用種種手段使它做到不幸的妥協。這方面的努力，長年之間，有組織地，頑固地進行而來，而且好像受着某種政治家的援助。但這些政治家好像不了解這種有特權的外國資本的商家，只要有一個，便能在這樣的國家裏面發揮驚人的暴力。據我想，只要有一點理解日本全國的財力的價值的性質，以及生活的平均狀態的人，無論誰也一定會看出有借地權的外國資本，必定會獲得支配立法的手段，左右政府的手段，以及爲外國的利益，引起這個帝國實際上走到受人支配的事態的手段。我不能不感覺到日本將土地購買權與外國資本的時候，日本將有被滅到毫無恢復希望的危險。爲目前的利益所惑，准許這種事情的自我陶醉心，是極不幸的。日本畏懼英美的資本，應萬分甚於畏懼俄國的戰艦與刺刀。日本的戰爭能力背後，隱藏着經過了一千年訓練的經驗，但是產業和商業力量的背後，只有半世紀的經驗。但日本已經充分受到警告。如果日本今後自招滅亡，我想這並不是因爲沒有忠告，——(註)因爲日本已經受到世界最大賢人的忠告。

註：Herbert Spencer

本文的讀者，現在一定至少明白了新的社會組織的長處與短處——軍事方面攻守兩方面的偉大才能，以及其他方面比較薄弱之點。總之，日本這樣好好的保持其地位到現在，是值得驚異的，使日本的沒有把握的脚走向新的危險的方面，這是不平常的叡智。日本到現在所表示的實行力，確實是由古時的宗教上及社會上的訓練而來的。日本在新形式的統治及新狀態的社會活動之下，因爲能維持了許多過去的訓練，日本現在才能繼續强而有力。不過日本得免災難，——在外國的壓迫的重担之下，全社會組織得免分裂，却是完全靠了最堅實而又最機敏的政策。種種大革新是必要的，但足以危及國家基礎的變化是應該避免了的。目前的需要，一方面固須準備，但對於將來的危險，亦當留心不懈，這是特別重要的。在文化歷史上，被迫解決像這樣巨大，複雜，困難的許多問題的統治者，恐怕決沒有。而這些問題之中，最困難的問題，尚未解決。日本的一切成功，過去端賴被義務與從順這個古來神道的理想所支持的有公無私的團體行動，但日本的產業的將來，要賴種類完全相反的自我的個人行動，這個事實，就是所謂最困難的問題。

然則古來的道德——古來的祭祀——將怎樣呢？

——現在是非常時期。但一旦恢復爲平時，古來的家族的關係便會逐漸鬆弛，這是不難想像的。而且還要走上崩潰的一條路。據日本人自己證明，在這戰爭之前，這個崩潰已經在大都市的上流及中流階級之間迅速蔓延了。甚至於在農村人們之間，以及在地方的都會裏，關於事物的古來的道德秩序，不能說絕無影響。幫助崩潰的事物裏面，除了立法上的改革以及社會上的必要以外，也有其他影響。隨着知識的普及，古來的信仰動搖了。在二萬七千個小學校裏面，新時代的少年們，學着科學的初步以及關於宇宙的近代的概念。描寫了須彌山的空想的繪畫的佛教的宇宙論，已經變成神話故事了。古時中國的自然哲學，只被不大有教育及封建時代的生存者信仰着。極小的小學生也學着所謂星座，既不是神，也不是佛，而是在遠處的一羣太陽。普通的人也不能想像Milky Way 是「天河」，牛郎織女鵲橋相遇的傳說，也只成爲講給小孩子聽的故事了。而年輕的漁夫雖然也和他的父親一樣看着星光搖船，但已經不能在北方天空中看見妙見菩薩了。

但是某階級的古時的信仰的逐漸衰微，以及目所能見的社會變化的傾向，是容易引起誤解的。無論在甚麼情形之下，宗教是漸漸衰微下去。而最後崩潰的，是宗教的最保守性的形式。想像祭祖一事，過去一直從外界受到人所能感覺的某種影響，或者想像祭祖的繼續存在，因爲只賴神聖的習慣之力，所以大多數人現在已經不信仰，這種想像是重大的錯誤。任何宗教也好，——尤其是在祭祀死者的宗教，一直信仰它的民族，像這樣突然喪失其愛好之心，這是不會有的。在其他方面，新的懷疑主義，也止於表面。這並不是已經透澈到事物的核心。一個人帶有某種懷疑，成爲一種流行而裝做輕視過去的樣子的青年們，實際上的確慢慢抬頭了。但在這些人們之間，關於家庭的宗教說不恭敬的話的人，決沒有。對於古來孝道的抗議，以及對於家庭束縛之愈益加重，表示不平之鳴，的確，可以聽得到，但是輕視祭祀的話，絕對聽不到。至於組合及其他公共的神道，神社之數繼續增加一事，證明其勢力之盛。一八九七年有十九萬一千九百六十二所神道的社，一九〇一年其數增加到十九萬五千二百五十六所了。

不久的將來一定會發生的變革，恐怕與其說是宗教性的，不如說是社會性的。而這種變革卽使在各方面有削弱孝道的傾向，但可以相信有一種變化會對祭祖給與重大影響的理由，可以說沒有。由於逐漸增加的生活困難和生活費，物質方面家庭生活的負担，將會增加，但在精神方面，家庭的負担，對於個人將會逐漸減輕。不過任何立法也不能廢除對死者負有義務的感情。如果這個完全沒有的時候來臨，那個時候國民的心臟恐怕完全停止鼓動了。把過去的神當做「神」而信仰之心，或許會慢慢消滅，但是神道則將作爲祖國的宗教，作爲英雄及愛國者的宗教，繼續存在下去。許多新神社帶有記念碑的性質，此事表示着這種將來的變化的可能性。

——近年來，時常有人斷言日本只管要求着「個人主義的福音」（這是主要由於羅威爾氏所著「遠東的精神」"Saul of the Far East" 所給與的深刻的印象的緣故），而許多基督教信徒假定如果將這個國家改變爲基督教國，個人主義便會發生。這個假定，除了認爲數千年間慢慢形成的一國民的習慣也好，感情也好，只要有一紙關於信仰的命令，便會突然發生變化的古來的迷信以外，任何根柢也沒有的想法。使過去的秩序崩潰，但這崩潰不靠非常手段，而能得到比現在更高的社會力量的方法，除依賴產業主義，卽競爭的企業與商業發展所需要的各種要素以外無他。不過這種健全的變革，需要長期的和平罷。而那時候自主的進步的日本會將宗教上的問題從政治上利害得失的見地來考察罷。（註）日本的經世家在海外的觀察與研究似乎給了他們不妥當的印象，「金錢有一種宗教」——「資本是新教徒」——世界的力量，財富，以及知慧的精力，屬於放棄羅馬舊教的束縛，而從中世紀的信仰脫出來的人種——這個密舍萊所力說的半眞理，他們好像完全相信了。據說日本的某政治家最近公開這樣說，日本人「急速地漂流到基督教方面」。報紙上登載的所謂顯貴大官的話，多不能相信。但這次報道，恐怕是眞的。而這話是爲了表示可能性而說的。日英同盟公布以來，政府對西洋的宗教以前所支持的安全的保守主義的態度，大爲軟化……。不過日本國民在政府獎勵之下，是否將採取外國信仰的問題，社會學者將會給與明確的答覆罷。只要稍許理解社會的基本構成，便能明白企圖急遽變化之愚，而其不可成就，也能同樣明白。至少在現在，日本的宗教問題，是保全社會的問題，變化不依自然的過程，而性急地圖迅速完成的努力，徒將招致反動與擾亂。日本至今善能採取的細心熟慮的政策，可以放棄的時期，我認爲爲時尚遠。日本採取西洋的信仰時，我相信有累及皇室的危險。日本如果將它的土地，縱令一畝也好，讓給外國的資本，便等於情願放棄其生得權（Birthright），我怕絕對不會有恢復的希望。

註：日本政府對於宗教團體的表面態度，不能使我們得到任何推論。近年來的政策，似乎連那西洋宗教中排斥他派的偏狹的種類也准許着。對這態度成爲奇妙的對照的，就是秘密共濟會的排斥。治外法權廢止以來，在通商港口的外國人的共濟會，雖以某種條件得許其存在（或者甯可以說是被放任），但嚴格地說，祕密共濟會未得在日本許可。在歐美的日本人，雖能自由爲共濟會員，但在日本則不能爲會員。在日本，一切聚會的行爲，公然受官方的監督。

現在略述西洋的侵入和遠東的宗教的關係。

——遠東所有的社會，都和日本一樣，以禮拜祖先爲其基礎。這個古來的宗教，以種種形式表現着社會的道德經驗。它現在對那排斥異教而只管傳佈其教的基督教的渡來，給與着極大的障礙。由歸依基督教的人們看來，攻擊基督教一事，一定是最大的侮辱，是最不可寬恕的罪惡。每一個信徒認爲隨命令而死是自己的義務的宗教，就是自己爲了這事欣然挺身去鬥的宗教。有人攻擊他的宗教時，他能够怎樣忍耐，要看他的智力以及訓練的性質了。遠東的所有民族，並不是都像日本人那樣聰明。日本人經過幾時代軍事訓練的結果，能够適應環境而行動，但其他民族並沒有受過這樣好的訓練。尤其是中國的農民，受人攻擊自己的宗教，是難以忍耐的。無論甚麼時候，他的祭祀是他的所有物中最貴重的東西，關於社會善惡是非的一切事項，它是他的最優秀的指導者。東洋只要他的社會的根本意義不受攻擊，至今寬容了一切信仰。因此如果西洋的傳道師們，不觸犯他們的根本意義——像佛教所採取的辦法一樣，容納祭祖，而在其他方面也同樣表示寬大的精神——像這樣的賢明，那末大規模採納基督教，一定是極容易的事了罷。如果這樣做的話，因爲遠東的社會組織不許急變，結果一定成爲和西洋的基督教大不相同的基督教了。那末說不定社會的反對不會發生，人種上的憎惡更不會發生，而教義的精髓得到更廣大的宣傳。現在要他們放棄他們一貫採用的排他的手段，而從頭做起，已經是不可能了。中國及其近鄰諸國對基督教的憎惡，原因在他們的祭祖毫不客氣地受到不必要的攻擊，這是無庸置疑的。要求中國人或安南人毀棄祖的神牌，恰如要求英國人或法國人毀棄母親的墓石，以作爲他們歸依基督教的證據一樣。不，這是遠較後者是不近人情的事情，——因爲東洋人對寫着已故父母的名字的神牌所抱的虔敬之念，遠較西洋人對墓石所抱的虔敬之念爲大。對溫順和平的家庭信仰，加以這樣的攻擊時，其結果一定是發生殘殺事件，自古已然，如果強要做下去，只要他們有戰鬥的力量，殺戮不會停止。土著的宗教怎樣抵抗了外國的宗教侵略，而基督教的武力怎樣以十倍的屠殺和猛烈的劫掠報仇了，此事不必記在這裏。傳道師排斥異說的結果引起騷亂，及因其報仇手段而被屠殺，被陷於貧困，或被征服的祭祖的民族，不限於近代。不過一方面西洋的貿易或商業，因這樣的報復而得到直接的利益，一方面西洋的輿論，對於異教徒的憤慨激怒，挑撥的權利，以及報復的是非，是不許議論的。少有寬容他教之心的基督教諸派，甚至於將議論異教徒的道德權利，也視爲邪惡。倘有膽敢高聲抗議的公正的觀察者，狂信者就會向他加以猛烈的攻擊，視他如人類的仇敵。

從社會學的見地來想，一切傳道師制度，不問宗旨信條如何，敵視舊型的一切文化，對之一般地加以攻擊，在這一點上代表着西洋文化的鬥爭的暴力，——換言之，它就是最强大而最進步的社會；攻擊弱於自己而未進化的社會的前進運動的第一線。這些鬥士的自覺的工作，是牧師或教師的事業，他們的不自覺的工作，就是工兵隊驅逐艦之類。由於他們傳道師的工作，弱小民族被屈服到幾難想像的程度。這個屈服，無論用盡其他任何手段，也不會這樣快的，這樣確實地成功了罷。進行破壞的暴力，猛烈得像不可抵抗的自然的力量。不過基督教還是沒有怎樣普及。他們不辭死，他們以軍人以上的勇氣拋棄他們的生命，但這不是爲了傳佈可能被東洋拒絕的教義，如他們所希望，而是爲了擴大產業上的企業和西洋的勢力。傳道師們所公言的眞目的，因爲漠視了社會學上的眞理，因此達不到。而基督教的國民，爲了達到和基督教的精神根本反對的目的，利用着殉難和犧牲。

民族的互相侵略，當然是和鬥爭——所謂適者生存的那個永遠的鬥爭——的一般法則一致的。劣等民族或淪爲高等民族的奴隸，或被高等民族壓迫而消滅。太固陋，太不能進步的舊型文化，不得不服從更有能力的，更複雜的文化。這個法則是無情的，冷酷的，明確的。這個作用，也許能因人的考慮，以慈悲之心使之緩和，但決不能防止它。

不過無論如何寬大地思想的人，也不能將這裏面所包含的道德問題，隨便加以決定。我們認爲弱肉强食這樣不可避免的事情是天命，這種想法不一定可以說是正當，何況是高等民族，只爲了偶然成爲世界生存競爭舞台上的勝利者，就主張就是權利，這決不是正當的理由。人類的進步，一向是由於否定强者的法則，——和支配獸類世界的弱肉强食的衝動，和天體的運行一樣屬於自然秩序的弱肉强食的衝動鬥爭——而得來的。爲了文化的進步，一切美德或抑制，是干犯自然的法則發達而來的。最優秀的民族，是最初學到最高的權力是行寬容而得，惟有撫恤弱者，挫敗不正，才最能維持獨立的民族。如果不常持有否定如此而得的整個道德經驗的心，——如果不是想斷言其民族所倡的宗教，僅屬特殊信條，而難認爲是一般人類的宗教，——那末在基督教與啓蒙之名下，對外國人所施的侵略，固難辯解其爲道德上正當的事情罷。這種侵略在中國的結果，的確不是基督教，也不是甚麼啓蒙，而是擾亂，屠殺，可厭的慘虐——都市的破壞，各地方的荒廢，數萬人命的損傷，萬萬金錢的誅求。如果這一切事情是權利的話，力量實在是權利，而在西洋公言的所謂人道與正義的宗教，可以知道它和任何原始祭祀同樣是排他性的，只能用來矯正同一社會的人們的行爲。

不過至少從進化論者看來，此事就大不然。社會學明白教給我們，高等民族待遇弱小民族，不顧道德而又無報應，是沒有的事，西洋文化遲早因其侵略行爲而充分受罰。在本國宗教上不許排斥異說，而在外國卻盛行排斥異說的國民，終會喪失其費了叫做殘忍的努力方才獲得的知的自由。懲罰的來臨，恐不爲遠。整個歐洲將回到戰亂狀態，威脅人類自由的教會萬能，必將開始復活，而中世紀的精神將再蔓延。實際上，反猶太主義已經成爲大陸三强國政治的要素了……

——如果不反對一下某一個宗教信念，就不知道那個信念怎樣的强，這是至理名言。未經傳道的惡意的掩蔽砲台狙擊以前，恐怕誰也不知道關於傳道問題的，傳統的邪惡的方面罷。不過傳道問題，無論秘密中傷或公開罵倒引起問題的人們，也是不能解決的。現在，這個問題已經成爲有關世界的和平，商業的將來，以及文化的利害的問題。中國的保全問題，也和這有關係，現在的戰爭也不是和這沒有關係。本書固有許多缺點，不過遠東的社會組織，對於西洋宗敎的過去一貫的傳道方法，是有極大的障礙，要克服這些障礙，現在必須採取比過去更細心的人情味的方法，過去對他們所取的不妥協的態度，今後如果不必要地維持下去，除災禍以外甚麼也得不到，關於這些，細心思慮的人們恐怕一定了解了。祖先的宗敎，不管它在數十年前是甚麼東西，但現在在整個遠東，它已經成爲家庭的愛情與義務的宗敎。西洋的狂信者，如果不顧人道，漠視這個事實，結果必將反覆幾次「拳匪」之亂。強迫世界引起過去引起「拳匪」之亂這樣的危險的力量（現在俄國沒有這樣的力量），再不能送給那些眞目的在排斥異敎，而暫時主張容許異說的傳道師們。傳道師們向改宗者要求否定他們對家族社會的從來的義務，——而且要他們破壞他們祖先的神牌，侮辱給與他們生命的人們，以表示他們信仰基督敎的忠實時，東洋決不會改宗爲基督敎罷。

追錄

斯賓賽對日本的助言

約在五年以前，那時住在東京的美籍敎授，告訴我一樁事情。那是斯賓賽致書日本某政治家，告其日本倘欲維持獨立，應取怎樣的政策，而這封書簡將於這位哲學家死後於公表世。但後來沒有聽到甚麼消息。不過我想起「第一原理」（一七八節）中所述日本社會之崩潰，當時便想斯氏所作忠告，必屬極保守性的。不料其保守性之烈，實在我想像之上。

斯賓賽於一九〇三年十二月八日晨去世（其時本書剛在準備出版中），而這封寫給金子堅太郎男爵的信，在一九〇四年一月十八日在倫敦泰晤士報上發表了，這是大家早已知道的。

敬啓者：前所上書(註)二通，得蒙逐譯，轉呈新首相伊藤伯爵，聞訊之餘，曷勝榮幸。

註：此二通尚未發表

關於閣下其後所垂詢各節，謹略陳鄙見。先就一般言之，日本所應採取之政策，厥惟盡力遠歐美諸國也。諸國之較貴國爲強大者，貴國對之，常處危險地位，故鄙見以爲應愼之謹之，勿與外國以立足之地也。

貴國有許可而可獲利益之交際，鄙見以爲僅有一種，即依交換物品而行之不可或缺之交際是也。所謂物品之交換者，固指精神物質兩產物之輸出入言之也。爲遂行上述目的絕對必要限度以上之特權，愼勿許與異人種，尤不可許與較貴國爲強大之諸國民。而貴國似欲提議修正與歐美諸國之條約，而「將全國開放與外國資本」，鄙人聞之，不寒而慄，蓋此事有關貴國之安危。此事將招致何種結果，印度之歷史，可爲殷鑑。倘令強大民族之一，一旦獲其立足之地，則輾轉歲月之間，必生侵略之政策，結果必與日本人發生衝突，而此等衝突將被僞稱爲日本人所加之攻擊，而必隨時招致報復也。領土之一部被占，而被要求割讓爲外國之殖民地，結果終將成爲日本全土之屈從。貴國固甚難迴避此命運，倘於鄙人所指事項以外，給與外人以某特權，則此命運頗易來臨矣。

關於閣下所問第一事，上述一般問題之愚見，倘荷採納，則匪特應禁止外國人之土地所有，亦有拒絕貸借土地與彼等，而僅可作爲一年契約之借地人而令彼等居住之。

關於第二節，鄙見以爲應嚴禁外人經營政府所有或政府所經營之礦山。蓋從事經營礦山之歐美人與政府之間，必有發生可作爭論根據之事件之虞也。爭執之結果，歐美之經營者，爲貫澈其權利，勢將請援於英美政府或其他強國，而由僑居海外之本國代理人或推銷人而來之報告，不分皀白，咸加以信用者，文明國民間之常習也。

第三，施行鄙人所陳政策之際，貴國應將沿岸貿易恒置於本國之手，而嚴禁外人從事於此。所謂沿岸貿易固當不包含於上陳可予承認之唯一要件——對商品之輸出入給與便利之要件——中也。由他國輸入日本之商品，其分配事宜，應委諸日本人之手，而禁外人爲之，蓋此際所行各種交易，易成種種爭執之種，而旋成侵略之理由故也。

關於閣下最後所言國人及外國人間之雜婚，謂此乃「我學者政治家間目前盛行議論而最感困難之問題之一」，然鄙見以爲不難予以合理之答覆。即此事應斷然禁止是也。此事根本非社會哲學之問題，而係生物學之問題。異種類混淆至某一小程度以上時，輾轉歲月之間，必將招致惡劣之結果，此事可由人類之異種族結婚及動物之雜種繁殖充分證明之。鄙人自身亦於以往數年中不絕注意關於此事實之證據，而鄙人之所信，固根據許多有根據之事實。鄙人將此確信之證明，得之於此半小時之內，蓋鄙人目前偶與對家畜之異種族繁殖有豐富經驗之著名某氏滯留鄉間故也。氏答鄙人問曰：例如於羊之變種，有相去甚遠之種類之異種繁殖時，其結果，尤其於第二代發生惡劣之結果，即發生混合之特性及混沌之體質。斯言足以證明鄙人之信念。其於人亦同，印度之歐亞混血兒，以及亞美利加之雜種等，可爲明證。此經驗之生理學的根據，似在於任何變種之生物，代代生存之間，於其生活之特殊形式獲得一種素質上之適應性，其他一切變種亦同樣獲得其自身特殊之適應性也。其結果如後，於相去甚遠之生活狀態各自獲得適應之二種相去甚遠之素質，混合之，即生一種不能適應兩者中任何一種生活狀態之素質，即因不適合於任何一定之狀態，故不能營適當作用之一素質。故不佞以爲日本人與外國人通婚之主張，應斷然禁止之。

根據上述理由，不佞完全贊成美國限制中國移民之規定，倘令不佞有此力，自當限制中國移民至最少限度也。不佞之所以有此決心者，蓋知必將發生下述二事實也。倘令中國人廣泛移居美國全土時，彼等設不與美人通婚，則結果縱不淪爲奴隸，亦將形成近乎奴隸階級之附庸種族，設令通婚，則必將形成不良之雜種。總之，移民數多，爲害社會頗巨，終致社會之瓦解。多數歐美人與日本人通婚時，亦當發生同樣弊害也。

綜上所陳，閣下可知不佞之言，在一切方面，皆顯屬保守的。茲以最初所陳之言，以作結論，曰：他種族應盡量遠之也。

又本簡僅供閣下台覽，以作參考，千祈勿令洩漏或發表爲禱。總之，不佞在世時，幸勿發表爲荷。如是言者，蓋欲避免引起不佞同胞之嗟怨也。

不佞之言，固請保守祕密，勿令洩漏，惟伊藤伯爵，固屬例外，不佞甚望伊藤伯爵獲有機會考慮此事。又及。

斯賓賽謹上於威爾特夏•表希•費亞菲爾　一八九二年八月二十六日

若讀泰晤士報對這封信的批評，可知斯賓賽如何了解本國人的偏見，這些批評表示抱着保守心的英國人，怎樣激烈地，不合理地駡着和目前的利益衝突的新思想。

這個進言本身，我不知道對政府的政策，直接有了怎樣的影響。但這是十分和國民的保存自己的本能一致的，只要看主張廢止治外法權者所遭遇猛烈反對的歷史，以及針對斯賓賽的信中所指事實的預防性法律的性質，便可知道。治外法權（恐怕是勢不得已耳）被廢止，外國資本未得任意去開發這個國家的富源。而外國人的土地所有也未得許可。內外人的通婚（註）雖未被禁止，但也決沒有受奬勵，而且只能在特別的法律上的限制下通婚。如果外國人因結婚而得到領有日本土地的權利的話，一定立刻有一大塊日本的土地落入外國人手裏了。不過法律賢明地規定，和外國人結婚的日本女人，就因此變成外國人，而所生兒女，一輩子算是外國人。反過來，結婚而入籍日本家庭的外國人，無論是誰，都成爲日本人，所生孩子，永遠是日本人。但他們也得不到某種資格。他們不能做大官。除了有特別許可者外，不能爲陸海軍的士官。（好像有一兩個人得到許可）最後要注意，日本將其沿岸貿易一直維持在自己手裏。

註：內外人通婚之家庭，據說東京有百家以上。

那末大體上看來，日本的政策，可以說採用了不少斯賓賽所提議的方針。不過我覺得未能嚴格依從斯賓賽的提議，實屬遺憾。即使這位哲學者現猶在世，而聽到最近日本的勝利——不損失一艦而潰滅了强大的俄國艦隊，在鴨綠江上擊潰了三萬俄軍——的消息，我想他也一定不會變更他的進言。在他博愛的良心所許的範圍內，他一定稱讚了日本人這樣澈底的研究了新戰術罷。他也許讚揚了被發揚的高邁的勇氣和古來的訓練的勝利，——他的同情一定加在被迫選擇一條路——淪爲保護國呢？還是與俄國一戰？——的國家上面。不過日本勝利之後，如果他再受質問將來的政策，他一定會回答軍事上的能力和產業上的力量大不相同，而强調的警告。他因爲了解日本的社會組織和歷史，因此他明白看出了日本和外國接觸的危險。他又看出那方面企圖利用日本產業方面的薄弱……。如果下一個時代來臨，日本放棄了他的許多保守主義，也沒有危險罷，不過在目前，要靠保守主義爲救日本的力量。

血歷史77　PC0668

新銳文創
INDEPENDENT & UNIQUE

神國日本：
小泉八雲眼中的日本（復刻典藏本）

原　　著　小泉八雲
譯　　者　曹　曄
主　　編　蔡登山
責任編輯　洪仕翰
圖文排版　江怡緻
封面設計　王嵩賀

出版策劃　新銳文創
發 行 人　宋政坤
法律顧問　毛國樑　律師
製作發行　秀威資訊科技股份有限公司
114 台北市內湖區瑞光路76巷65號1樓
電話：+886-2-2796-3638　傳真：+886-2-2796-1377
服務信箱：service@showwe.com.tw
http://www.showwe.com.tw
郵政劃撥　19563868　戶名：秀威資訊科技股份有限公司
展售門市　國家書店【松江門市】
104 台北市中山區松江路209號1樓
電話：+886-2-2518-0207　傳真：+886-2-2518-0778
網路訂購　秀威網路書店：http://www.bodbooks.com.tw
國家網路書店：http://www.govbooks.com.tw

出版日期　2017年5月　BOD一版
定　　價　280元

Printed in Taiwan

國家圖書館出版品預行編目

神國日本：小泉八雲眼中的日本（復刻典藏本）/ 小泉八雲原著；曹曄譯；蔡登山主編. -- 一版. -- 臺北市：新銳文創, 2017.05

面；　公分. -- (血歷史；77)

BOD版

譯自：Japan : an attempt at interpretation

ISBN 978-986-5716-95-0(平裝)

1. 文化 2. 日本

731.3　　106004768

讀者回函卡

感謝您購買本書，為提升服務品質，請填妥以下資料，將讀者回函卡直接寄回或傳真本公司，收到您的寶貴意見後，我們會收藏記錄及檢討，謝謝！

如您需要了解本公司最新出版書目、購書優惠或企劃活動，歡迎您上網查詢或下載相關資料：http:// www.showwe.com.tw

您購買的書名：________________________________

出生日期：________年________月________日

學歷：□高中（含）以下　□大專　□研究所（含）以上

職業：□製造業　□金融業　□資訊業　□軍警　□傳播業　□自由業

□服務業　□公務員　□教職　□學生　□家管　□其它____

購書地點：□網路書店　□實體書店　□書展　□郵購　□贈閱　□其他

您從何得知本書的消息？

□網路書店　□實體書店　□網路搜尋　□電子報　□書訊　□雜誌

□傳播媒體　□親友推薦　□網站推薦　□部落格　□其他________

您對本書的評價：（請填代號　1.非常滿意　2.滿意　3.尚可　4.再改進）

封面設計____　版面編排____　內容____　文／譯筆____　價格____

讀完書後您覺得：

□很有收穫　□有收穫　□收穫不多　□沒收穫

對我們的建議：________________________________

____

____

____

請貼
郵票

11466
台北市內湖區瑞光路 76 巷 65 號 1 樓

秀威資訊科技股份有限公司 收

BOD 數位出版事業部

（請沿線對折寄回，謝謝！）

姓　　名：＿＿＿＿＿＿＿＿　年齡：＿＿＿＿　性別：□女　□男

郵遞區號：□□□□□

地　　址：＿＿＿＿＿＿＿＿＿＿＿＿＿＿＿＿

聯絡電話：(日)＿＿＿＿＿＿＿＿（夜）＿＿＿＿＿＿＿＿

E-mail：＿＿＿＿＿＿＿＿＿＿＿＿＿＿＿＿